# POV-Rayで学ぶ
# はじめての
# 3DCG制作

つくって身につく基本スキル

Making of 3DCG
with POV-Ray
for Beginners

編著＝松下孝太郎
KOTARO MATSUSHITA

著＝山本 光
KO YAMAMOTO
柳川和徳
KAZUNORI YANAGAWA
鈴木一史
MOTOFUMI SUZUKI
星 和磨
KAZUMA HOSHI
羽入敏樹
TOSHIKI HANYU

JN160904

**編 著 者**
- 松下孝太郎
  (学)東京農業大学 東京情報大学総合情報学部 教授

**著　　者**
- 山本　光
  横浜国立大学教育学部 教授
- 柳川和徳
  釧路工業高等専門学校創造工学科 准教授
- 鈴木一史
  放送大学教養学部情報コース 教授
- 星　和磨
  日本大学短期大学部建築・生活デザイン学科 准教授
- 羽入敏樹
  日本大学短期大学部建築・生活デザイン学科 教授

# はじめに

　本書は，これまでコンピュータグラフィックス（CG：Computer Graphics）を作成した経験のない人でも，CG を作成することができるようになる本です．CG の作成には世界的に使用されている POV-Ray を用います．POV-Ray はフリーウェアで，公式サイト（http://www.povray.org/）から無料で入手でき，パソコンへ簡単にインストールすることができます．

　本書の特徴として，次の点を挙げることができます．
・CG の作成経験がなくても，CG を作成することができる．
・短期間で効率的に学習できる．
・便利で辞書的に使える巻末資料を備えている．
・コンピュータやソフトウェアの進歩があっても，今後も変わらない基礎的な技術のみを解説している．

　Chapter0 では，POV-Ray の入手とパソコンへのインストールについて解説しています．POV-Ray をすでに使用している場合，本章は読み飛ばしていただいてもかまいません．
　Chapter1 では，POV-Ray により CG を描画するまでの手順について解説しています．
　Chapter2 から Chapter9 までは，CG を作成するためのさまざまな技術について解説しています．最初から順に読み進めることもできますし，必要な部分のみを読むこともできる構成になっています．
　Chapter10 と Chapter11 では，CG によるアニメーションの作成方法について解説しています．
　巻末資料は辞書的に使えるように，CG の描画操作や CG に用いる素材を画像で分かりやすく掲載しています．
　なお，本書における操作手順などは POV-Ray Ver3.7 を想定していますが，Ver3.6 以前のものでもほとんど問題なく動作します．
　最後に，作品をご提供いただいた筆者らの勤務校の大学院修了生，学部卒業生に感謝の意を表します．

編著者 松下孝太郎
2017 年 2 月

作品例

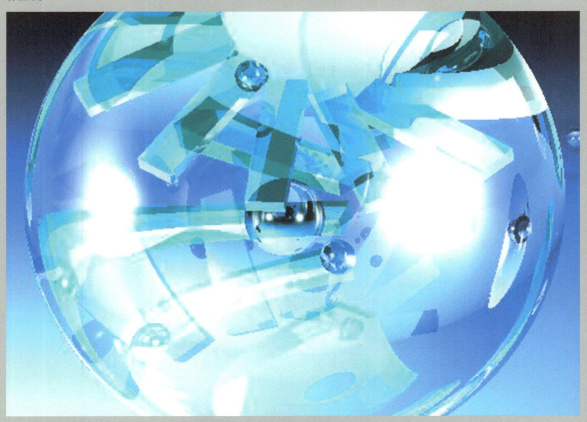

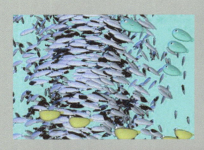

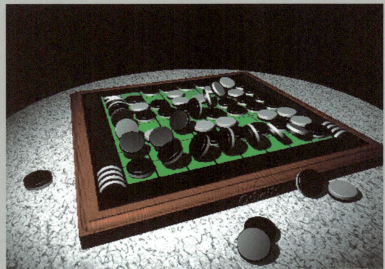

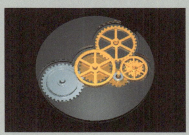

# CONTENTS

はじめに　iii
作品例　iv

## CHAPTER 0　POV-Rayの準備　001
- 0.1　POV-Rayとは　002
- 0.2　POV-Rayのダウンロード　004
- 0.3　POV-Rayのインストール　006
- 0.4　POV-Rayの起動　010
- 0.5　POV-Rayの終了　011

## CHAPTER 1　POV-RayによるCG作成（シーンファイルの作成～CG描画）　013
- 1.1　CGの作成手順　014
- 1.2　シーンファイルの構成　015
- 1.3　シーンファイルの作成　017
- 1.4　シーンファイルの保存　018
- 1.5　CGの描画　019
- 1.6　ファイルの読み込みと解像度の設定　020

## CHAPTER 2　基本図形　021
- 2.1　球　022
- 2.2　直方体と立方体　024
- 2.3　円柱　026
- 2.4　円錐台と円錐　028
- 2.5　トーラス　030
- 2.6　無限平面　032
- 2.7　演習・作ってみよう [複数図形]　034

## CHAPTER 3 彩色　037

- 3.1 ｜ 色名による彩色　038
- 3.2 ｜ RGBによる彩色　040
- 3.3 ｜ 透明化　042
- 3.4 ｜ パターンによる彩色　044
- 3.5 ｜ 演習・作ってみよう［自動車］　046

## CHAPTER 4 光源と陰影　049

- 4.1 ｜ 点光源と面光源　050
- 4.2 ｜ 複数光源　052
- 4.3 ｜ スポットライト　054
- 4.4 ｜ 陰影　056
- 4.5 ｜ 演習・作ってみよう［室内灯］　058

## CHAPTER 5 座標変換　061

- 5.1 ｜ 移動　062
- 5.2 ｜ 回転　064
- 5.3 ｜ 拡大と縮小　066
- 5.4 ｜ 座標変換の組み合わせ　068
- 5.5 ｜ 演習・作ってみよう［汽車］　070

## CHAPTER 6 マッピング — 073
- 6.1 テクスチャマッピング — 074
- 6.2 バンプマッピング — 078
- 6.3 イメージマッピング — 080
- 6.4 演習・作ってみよう［地球］ — 082

## CHAPTER 7 立体の演算 — 083
- 7.1 結合 — 084
- 7.2 交差 — 086
- 7.3 差 — 088
- 7.4 併合 — 090
- 7.5 演習・作ってみよう［トイレットペーパー］ — 092

## CHAPTER 8 背景 — 095
- 8.1 背景色 — 096
- 8.2 地形 — 098
- 8.3 空 — 100
- 8.4 宇宙 — 101
- 8.5 演習・作ってみよう［UFO］ — 102

## CHAPTER 9 繰り返し処理 — 105
- 9.1 単純ループによる繰り返し処理 — 106
- 9.2 二重ループによる繰り返し処理 — 110
- 9.3 演習・作ってみよう［幾何学図形］ — 112

## CHAPTER 10 アニメーション　115
- 10.1 アニメーションの考え方と作成方法　116
- 10.2 物体が移動するアニメーション　118
- 10.3 物体が回転するアニメーション　120
- 10.4 視点が動くアニメーション　122
- 10.5 演習・作ってみよう［走行する車］　124

## CHAPTER 11 アニメーションファイル　127
- 11.1 アニメーションファイルの作成　128
- 11.2 アニメーションファイルの設定　130
- 11.3 演習・作ってみよう［太陽系］　132

## 巻末資料　135
- 資料1　基本図形書式　135
- 資料2　座標変換書式　135
- 資料3　立体の演算書式　136
- 資料4　色見本　136
- 資料5　テクスチャ　137
  (textures.inc, stones.inc, woods.inc, glass.inc, metals.inc)
- 資料6　背景（skies.inc, stars.inc）　140

索引　142

執筆者紹介　145

CHAPTER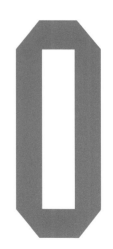

# POV-Rayの準備

**0.1** POV-Rayとは

**0.2** POV-Rayのダウンロード

**0.3** POV-Rayのインストール

**0.4** POV-Rayの起動

**0.5** POV-Rayの終了

この章では，POV-Rayを使う準備として，ダウンロード，インストール，起動，終了などについて学びます．POV-Rayを初めて使う場合は，本章の手順に従ってPOV-Rayを使う準備をしてください．POV-Rayをすでに使用している場合は，本章を読み飛ばしてもかまいません．

## 0.1 POV-Ray とは

POV-Ray は，コンピュータグラフィックスソフト（コンピュータグラフィックス開発用言語）です．POV-Ray を使えば，コンピュータグラフィックス（以下，CG または 3DCG と表記します）の作成経験のない人でも簡単に CG を作成することができます．また作成の際に，特別な数学の知識などを必要としません．

■ POV-Ray の画面

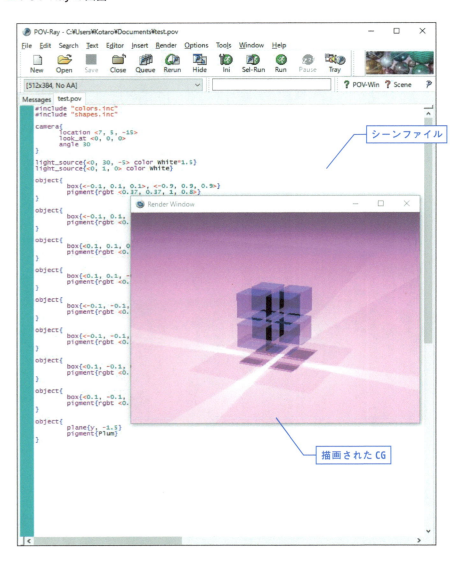

CGは一般に,「モデリング(物体などの位置情報の定義)」→「レンダリング(CGの描画)」の手順で作成します.POV-Rayでは,モデリングさえ行えば,レンダリングはコンピュータが自動的に行ってくれます.

■ モデリング　　　　　　　　　　　　■ レンダリング

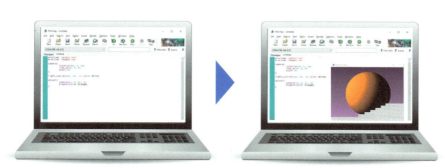

モデリングとは,光源,視点,物体の3次元空間における位置(座標)を定義することです.POV-Rayではこれらをシーンファイルに記述します.シーンファイルの作成が上達すれば,素晴らしいCGを作成することができるようになります.

レンダリングとは,モデリング情報に基づきCGを描画することです.POV-Rayでは,シーンファイルに記述されたモデリング情報を使って,コンピュータが自動的にレンダリングを行い,CGを描画してくれます.

■ シーンファイル

光源,カメラ,物体の座標などのモデリング情報を記述するファイルです.

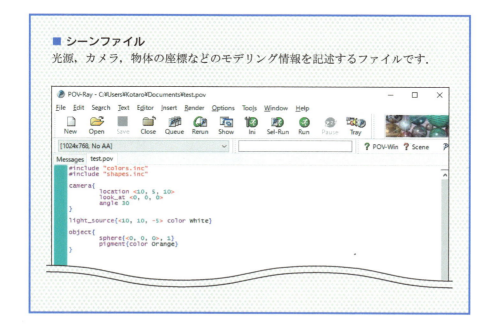

# 0.2 POV-Ray のダウンロード

POV-Ray は，POV-Ray 公式サイト（http://www.povray.org/）からダウンロードします。

- POV-Ray 公式サイト http://www.povray.org/ へアクセスします。
- POV-Ray 公式サイトの Web ページが表示されます。
- 「download page」あるいは「Download」タブをクリックします。

- ダウンロードの Web ページが表示されます。
- 「Download Windows Installer」をクリックします。

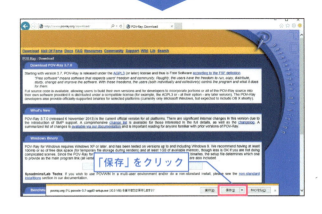

- POV-Ray インストールファイルのダウンロード開始の画面が表示されます。
- 「保存」をクリックします。

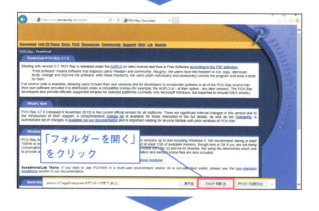

- ダウンロード完了の画面が表示されます.
- 「フォルダーを開く」をクリックします.

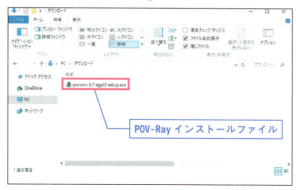

- ダウンロードフォルダに, ダウンロードされたPOV-Rayインストールファイルが表示されます.

POV-Rayインストールファイルは, 通常は「ダウンロード」フォルダにダウンロードされます.

# 0.3 POV-Ray のインストール

POV-Ray のインストールは，ダウンロードしたインストールファイルを起動することにより行うことができます．

- 「POV-Ray インストールファイル」をダブルクリックします．

POV-Ray インストールファイルは，通常は「ダウンロード」フォルダにダウンロードされています．

- セットアップ開始画面が表示されます．
- 「Next」をクリックします．

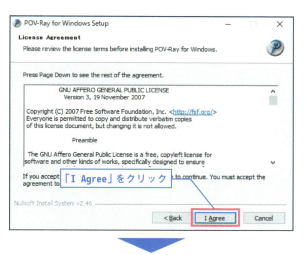

- ライセンス同意画面が表示されます。
- 「I Agree」をクリックします。

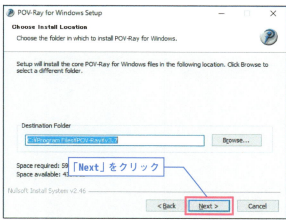

- インストール先のフォルダ選択画面が表示されます。
- 「Next」をクリックします。

2回表示されるので、2回目も「Next」をクリックします。

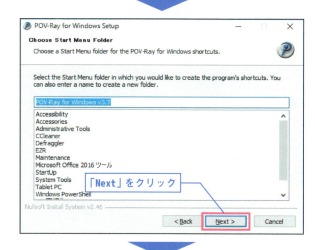

- メニューでの名前確認画面が表示されます。
- 「Next」をクリックします。

POV-Rayで学ぶ はじめての3DCG制作　●　007

- インストール準備完了画面が表示されます。
- 「Install」をクリックします。

- インストール完了画面が表示されます。
- 「Finish」をクリックします。

- Editor DLL'sのダウンロードのWebページが表示されます。
- 「実行」をクリックします。

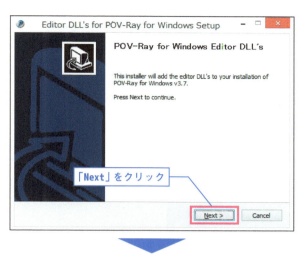

- Editor DLL'sのインストール画面が表示されます。
- 「Next」をクリックします。

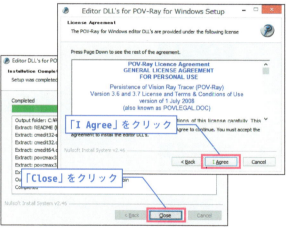

- ライセンス同意画面が表示されます。
- 「I Agree」をクリックします。
- インストールが終了したら「Close」をクリックします。

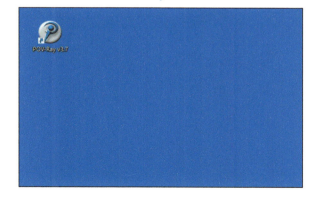

- デスクトップにPOV-Rayのアイコンが表示されます。

## 0.4 POV-Ray の起動

POV-Ray を起動させるには，デスクストップ上の POV-Ray のアイコン をダブルクリックします．また，Windows のメニューから POV-Ray を選択しても起動できます．

- をクリックします．

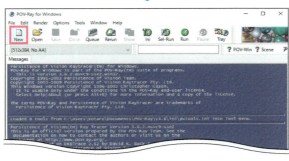

- New をクリックします．

- シーンファイルの作成画面が表示されます．

# 0.5 POV-Ray の終了

POV-Ray を終了させるには，画面右上の ✕ をクリックします．また，「File」メニューから「Exit」を選択しても終了できます．

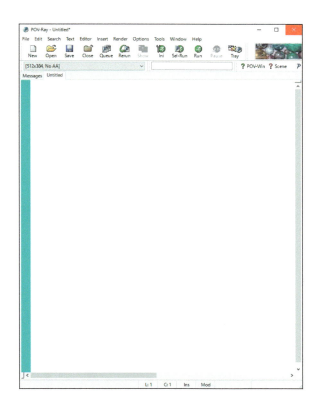

■ ✕ をクリックします．

CHAPTER 1

# POV-RayによるCGの作成
(シーンファイルの作成〜CGの描画)

**1.1** CGの作成手順
**1.2** シーンファイルの構成
**1.3** シーンファイルの作成
**1.4** シーンファイルの保存
**1.5** CGの描画
**1.6** ファイルの読み込みと解像度の設定

この章では，POV-RayによりCGを描画するまでの手順について学習します．POV-Rayは，シーンファイルを作成(モデリング)すれば，シーンファイルの内容に基づいてCGを描画(レンダリング)してくれます．シーンファイルの作成に慣れると，さまざまなCGを作成することができます．

# 1.1 CGの作成手順

CGは次の手順により作成することができます.

**手順1** POV-Rayの起動

デスクトップ上のPOV-Rayのアイコン  をダブルクリックし，POV-Rayを起動します．

WindowsのメニューからPOV-Rayを選択しても起動できます．

**手順2** シーンファイルの作成

をクリックし，シーンファイルを記述します．

**手順3** シーンファイルの保存

をクリックし，シーンファイルを保存します．

**手順4** CGの描画

をクリックし，CGを描画します．

# 1.2 シーンファイルの構成

シーンファイルは，インクルードファイルと3つのモデリング要素（カメラ，ライト，オブジェクト）から構成されています．シーンファイルでは，上から順に「インクルードファイル」「カメラ」「ライト」「オブジェクト」を記述します．

```
#include "colors.inc"
#include "shapes.inc"
```
◂◂ インクルードファイル

```
camera{
    location <10, 5, 10>
    look_at <0, 0, 0>
    angle 30
}
```
◂◂ カメラ

```
light_source{<10, 10, -5> color White}
```
◂◂ ライト

```
object{
    sphere{<0, 0, 0>, 1}
    pigment{color Orange}
}
```
◂◂ オブジェクト

■ **インクルードファイル（部品箱）**
インクルードファイルは部品箱です．シーンファイルにインクルードファイルを記述しておくと，インクルードファイルに登録されている色や物体は，シーンファイルに名前を記述するだけで簡単に使うことができます．「colors.inc」と「shapes.inc」は常に記述しておきます．

■ **カメラ（視点）**
カメラは視点です．3次元空間におけるカメラの位置を定義します．カメラで3次元空間を撮影し，2次元画像を作成していると考えてください．

■ **ライト（光源）**
ライトは光源です．ライトはシーンファイル中に複数記述することができます．

■ **オブジェクト（物体）**
オブジェクトは物体です．オブジェクトはシーンファイル中に複数記述することができます．

シーンファイルに記述する3つのモデリング要素(カメラ,ライト,オブジェクト)と,実際の3次元空間との関係は次の図のようになります.画面の上方向はY方向であることを覚えておくと便利です.

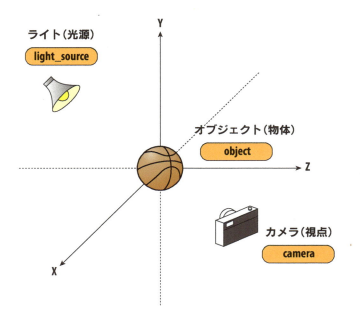

## 1.3 シーンファイルの作成

📄 をクリックし,シーンファイルを記述します.

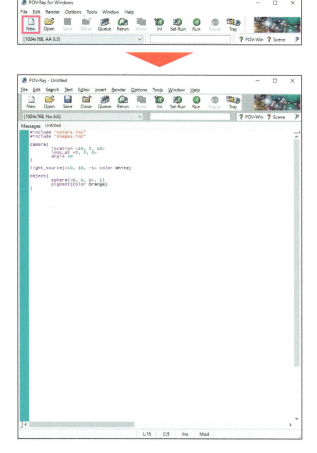

- 📄 をクリックします.

- シーンファイルを記述します.

# 1.4 シーンファイルの保存

■ をクリックし，シーンファイルを保存します．

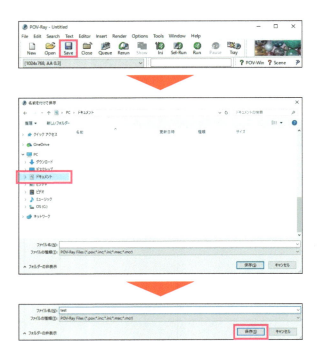

- ■ をクリックします．

- 「ドキュメント」をクリックします．

  ファイルの保存場所は任意ですが，ここでは「ドキュメント」に保存します．

- 「ファイル名」を記述し，「保存」をクリックします．

  「ファイルの種類」が「POV-Ray Files」になっていない場合は，「POV-Ray Files」を選択します．

## 1.5 CGの描画

 をクリックし，CGを描画します．なお，シーンファイルを保存せずにCGを描画した場合，シーンファイルを保存するための画面が表示されます．

-  をクリックします．

- CGが描画されます．

 をクリックした後，シーンファイルに黄色い帯が表示されたらエラーがあるということです．シーンファイルの記述に誤りがあります．なお，誤りは黄色い帯の部分，あるいはその上部にある場合が多いです．シーンファイルの誤りを修正後，再度  をクリックし，CGの描画を行ってください．

# 1.6 ファイルの読み込みと解像度の設定

■ ファイルの読み込み

保存済みのシーンファイル（POV-Ray ファイル）は，![Open]をクリックし，読み込ませることができます．

- ![Open]をクリックします．

- ファイルを選択し，「開く」をクリックします．

■ 解像度の設定

CG を描画する解像度は，[1024x768, AA 0.3] 部分をクリックし，選択できます．

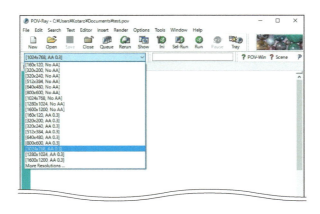

CHAPTER 2

# 基 本 図 形

- **2.1** 球
- **2.2** 直方体と立方体
- **2.3** 円柱
- **2.4** 円錐台と円錐
- **2.5** トーラス
- **2.6** 無限平面
- **2.7** 演習・作ってみよう [複数図形]

この章では,3DCGを構成するための
基本図形(プリミティブ)について学習します.
複雑な3DCGや大規模な3DCGであっても,
これらの基本図形を組み合わせることにより
表現することができます.

## 2.1 球

球は,中心座標 $(x, y, z)$ と半径 $r$ を指定することにより描画することができます.

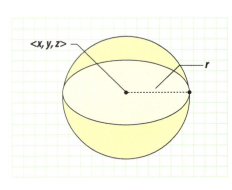

**書式1** 中心座標 $(x, y, z)$ と半径 $r$ を指定します.

```
sphere{<x, y, z>, r}
```

**書式2** 「Sphere」とのみ記述します.この場合,原点 $(0, 0, 0)$ に半径1の球が描画されます.「Sphere」の頭文字が大文字の「S」であることに注意してください.

```
Sphere
```

> **書式** とは,シーンファイルで使う記述方法のことです.
> 書式は複数ある場合もあります.

### シーンファイル

ファイル名:2-1.pov

```
#include "colors.inc"
#include "shapes.inc"

camera{
        location <5, 3, 5>
        look_at <0, 0, 0>
        angle 30
}

light_source{<10, 5, 5> color White}

object{
        sphere{<0, 0, 0>, 1}       (0, 0, 0)を中心とし、
        pigment{color Orange}      半径を1とするオレンジ色の球
}
```

### 実行結果

## 2.2 直方体と立方体

直方体と立方体は，対角線上の頂点座標 $(x_1, y_1, z_1)$，$(x_2, y_2, z_2)$ を指定することにより描画することができます．

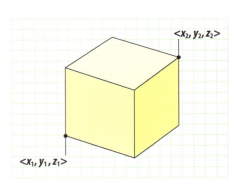
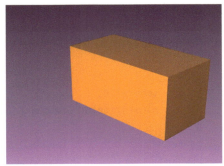

**書式 1** 対角線上の頂点座標 $(x_1, y_1, z_1)$，$(x_2, y_2, z_2)$ を指定します．

```
box{<x₁, y₁, z₁>, <x₂, y₂, z₂>}
```

**書式 2** 「Cube」とのみ記述します．この場合，原点 $(0, 0, 0)$ を中心とした，1 辺の長さが 2 の立方体が描画されます．「Cube」の頭文字が大文字の「C」であることに注意してください．

```
Cube
```

### シーンファイル

ファイル名：2-2.pov

```
#include "colors.inc"
#include "shapes.inc"

camera{
        location <5, 3, 5>
        look_at <0, 0, 0>
        angle 30
}

light_source{<10, 5, 5> color White}

object{
        box{<0, 0, 0>, <1, 1, 2>}
        pigment{color Orange}
}
```

(0, 0, 0) と (1, 1, 2) を対角線上の頂点とするオレンジ色の直方体

### 実行結果

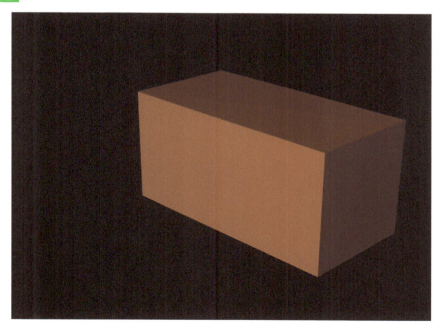

# 2.3 円柱

円柱は，両端の底面の中心座標 $(x_1, y_1, z_1)$，$(x_2, y_2, z_2)$ と底面の半径 $r$ を指定することにより描画することができます．

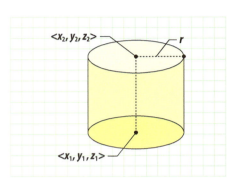
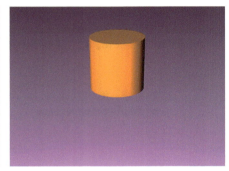

**書式 1** ▶ 両端の底面の中心座標 $(x_1, y_1, z_1)$，$(x_2, y_2, z_2)$ と底面の半径 $r$ を指定します．

```
cylinder{<x₁, y₁, z₁>, <x₂, y₂, z₂>, r}
```

**書式 2** ▶ 「Disk_X」，「Disk_Y」または「Disk_Z」とのみ記述します．この場合，原点 $(0, 0, 0)$ を中心とした，それぞれの方向（X，YまたはZ方向）を向いた長さが2，半径が1の円柱が描画されます．「Disk」の頭文字が大文字の「D」であることに注意してください．

```
Disk_X           Disk_Y           Disk_Z
```

## シーンファイル

ファイル名：2-3.pov

```
#include "colors.inc"
#include "shapes.inc"

camera{
        location <5, 3, 5>
        look_at <0, 0, 0>
        angle 30
}

light_source{<10, 5, 5> color White}

object{
        cylinder{<0, 0, 0>, <0, 1, 0>, 0.5}
        pigment{color Orange}
}
```

(0, 0, 0)と(0, 1, 0)を底面中心とし，底面半径を0.5とするオレンジ色の円柱

## 実行結果

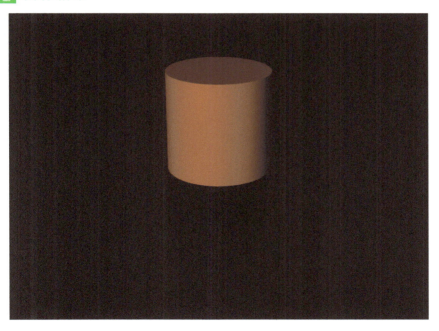

# 2.4 円錐台と円錐

円錐台は，両端の底面の中心座標 $(x_1, y_1, z_1)$，$(x_2, y_2, z_2)$ とそれぞれの底面の半径 $r_1$，$r_2$ を指定することにより描画できます．円錐は，どちらか一方の底面の半径を 0 に指定することにより描画できます．

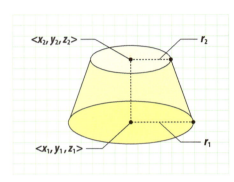 

**書式 1** 両端の底面の中心座標 $(x_1, y_1, z_1)$，$(x_2, y_2, z_2)$ と，両端の底面の半径 $r_1$，$r_2$ を指定します．どちらかの一方の底面の半径を 0 とすると円錐になります．

```
cone{<x₁, y₁, z₁>, r₁, <x₂, y₂, z₂>, r₂}
```

**書式 2** 「Cone_X」，「Cone_Y」または「Cone_Z」とのみ記述します．この場合，原点 (0, 0, 0) を中心とした，それぞれの方向（X，Y または Z 方向）を向いた高さが 2，底面の半径が 1 の円錐が描画されます．「Cone」の頭文字が大文字の「C」であることに注意してください．

```
Cone_X                    Cone_Y                    Cone_Z
```

## シーンファイル

ファイル名：2-4.pov

```
#include "colors.inc"
#include "shapes.inc"

camera{
    location <5, 3, 5>
    look_at <0, 0, 0>
    angle 30
}

light_source{<10, 5, 5> color White}

object{
    cone{<0, 0, 0>, 0.5, <0, 1, 0>, 0.2}
    pigment{color Orange}
}
```

(0, 0, 0)と(0, 1, 0)を底面中心とし，底面半径を0.5，0.2とするオレンジ色の円錐台

## 実行結果

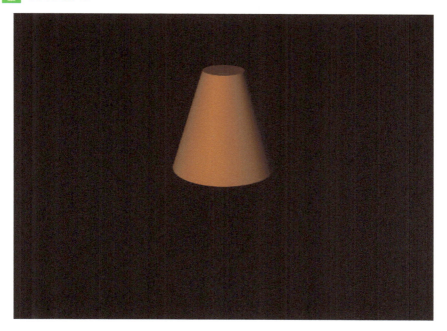

# 2.5 トーラス

トーラス（ドーナツ形）は，半径 $r_1$ と断面半径 $r_2$ を指定することにより描画することができます．なお，トーラスは常に原点 $(0, 0, 0)$ を中心に，Y軸方向に対して垂直に（Y方向を向いて）描画されます．

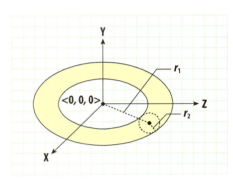 

**書式** 半径 $r_1$ と，断面の半径 $r_2$ を指定します．

```
torus{r₁, r₂}
```

### シーンファイル

ファイル名:2-5.pov

```
#include "colors.inc"
#include "shapes.inc"

camera{
        location <5, 3, 5>
        look_at <0, 0, 0>
        angle 30
}

light_source{<10, 5, 5> color White}

object{
        torus{1, 0.2}
        pigment{color Orange}
}
```

torus{1, 0.2} — (0, 0, 0)を中心とし，半径を1，断面半径を0.2とするオレンジ色のトーラス

### 実行結果

# 2.6 無限平面

無限平面は，面の法線ベクトル（x, y, z）と原点（0, 0, 0）からの距離 $d$ を指定することにより描画することができます．面の法線ベクトルとは，面の向いている方向のことです．

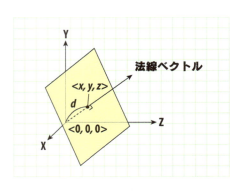 

**書式 1** 面の法線ベクトル（x, y, z）と，原点（0, 0, 0）からの距離 $d$ を指定します．

```
plane{<x, y, z>, d}
```

**書式 2** 面の向いている方向（x, y または z）と，原点からの距離 $d$ を指定します．それぞれの軸（X 軸，Y 軸または Z 軸）に垂直な無限平面が描画されます．

```
plane{x, d}          plane{y, d}          plane{z, d}
```

**書式 3** 「Plane_YZ」，「Plane_XZ」または「Plane_XY」とのみ記述します．この場合，原点（0, 0, 0）からの距離を 0 とした，それぞれの無限平面（YZ 無限平面，XZ 無限平面または XY 無限平面）が描画されます．「Plane」の頭文字が大文字の「P」であることに注意してください．

```
Plane_YZ             Plane_XZ             Plane_XY
```

### シーンファイル

ファイル名:2-6.pov

```
#include "colors.inc"
#include "shapes.inc"

camera{
        location <5, 0, 5>
        look_at <0, 0, 0>
        angle 30
}

light_source{<10, 5, 5> color White*2}

object{
        plane{<0, 1, 0>, -1}
        pigment{color Orange}
}
```

- 無限平面を確認しやすくするため，location の $y$ の値を 0 にし，カメラの位置を XZ 平面上に設置
- 「*2」で光の強さを 2 倍に設定
- Y 軸に垂直な，原点からの距離を Y のマイナス方向に 1 とするオレンジ色の無限平面（XZ 無限平面）

### 実行結果

## 2.7 演習・作ってみよう [複数図形]

**課題 1** 球，直方体，円柱，円錐，トーラスおよび無限平面を使った3DCGを作ってみましょう．なお，それぞれの図形がなるべく重ならないようにし，無限平面を背景に使用しましょう．

### シーンファイル

ファイル名：2-7A.pov

```
#include "colors.inc"
#include "shapes.inc"

camera{
        location <20, 15, 20>
        look_at <0, 0, 0>
        angle 40
}

light_source{<10, 5, 5> color White*3 shadowless}

object{
        sphere{<4, -1, 2>, 1}
        pigment{color Orange}
}

object{
        box{<0, -1, 0>, <1, 2, 1>}
        pigment{color Red}
}

object{
        cylinder{<5, -2, -5>, <3, 1, -2>, 0.7}
        pigment{color Yellow}
}

object{
        cone{<0, 1, 7>, 1, <1, 3, 5>, 0}
        pigment{color Blue}
}
```

- 「*3」で光の強さを3倍に設定
- 「shadowless」で影を非表示
- (4, -1, 2)を中心とし，半径を1とするオレンジ色の球
- (0, -1, 0)と(1, 2, 1)を対角線上の頂点とする赤色の直方体
- (5, -2, -5)と(3, 1, -2)を底面中心とし，半径を0.7とする黄色の円柱
- (0, 1, 7)と(1, 3, 5)を底面中心とし，底面半径を1とする青色の円錐

```
object{
    torus{10, 0.2}
    pigment{color Green}
}
```
(0, 0, 0)を中心とし，半径を 10，断面半径を 0.2 とする緑色のトーラス

```
object{
    plane{y, -50}
    pigment{color Plum}
}
```
Y軸に垂直な，原点からの距離を Y のマイナス方向に 50 とするプラム色の無限平面（XZ 無限平面）

### 実行結果

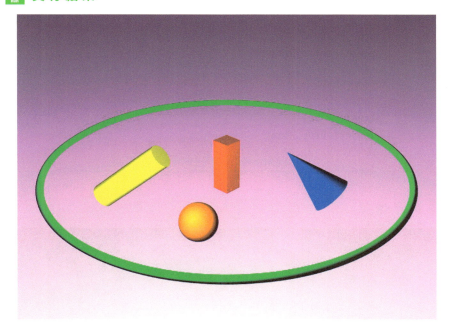

**課題2** 球とトーラスの影を無限平面に投影した 3DCG を作ってみましょう．

### シーンファイル

ファイル名：2-7B.pov

```
#include "colors.inc"
#include "shapes.inc"
```

```
camera{
    location <10, 5, 5>
    look_at <0, 0, 0>
    angle 120
}
```
── angle は広めの 120°に設定

```
light_source{<20, 20, -10> color White*2}
```
── 「*2」で光の強さを 2倍に設定

```
object{
    sphere{<0, 0, 0>, 1}
    pigment{color Orange}
}
```
── (0, 0, 0) を中心とし、半径を1とするオレンジ色の球

```
object{
    torus{5, 0.1}
    pigment{color Orange}
}
```
── (0, 0, 0) を中心とし、半径を5、断面半径を0.1とするオレンジ色のトーラス

```
object{
    plane{y, -50}
    pigment{color Plum}
}
```
── Y軸に垂直な、原点からの距離をYのマイナス方向に50とするプラム色の無限平面（XZ無限平面）

### 実行結果

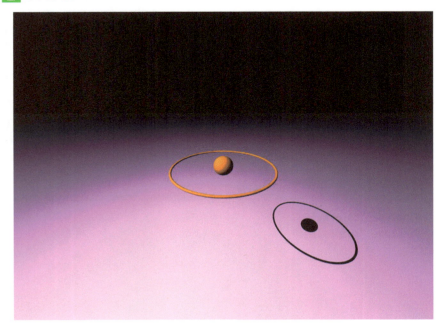

CHAPTER

# 彩 色

**3.1** 色名による彩色
**3.2** RGBによる彩色
**3.3** 透明化
**3.4** パターンによる彩色
**3.5** 演習・作ってみよう[自動車]

この章では，物体や光源の色を
決定するための彩色について学習します．
基本的な彩色には色名による彩色と
RGBによる彩色があります．
また，基本的な彩色に加え，
透明化やパターンによる彩色があります．
彩色を組み合わせることにより
シーンの表現も豊かになります．

# 3.1 色名による彩色

CGの色彩は，一般的には，光の三原色であるRGB（赤：Red，緑：Green，青：Blue）の混合によって表現されます．POV-Rayでは，基本的な色は色名を指定することにより彩色することができます．

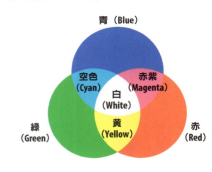

光の三原色（RGB表示）

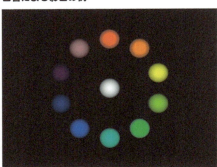

色名による彩色の例

**書式** 色名を指定します．colorの後にPOV-Rayで使用できる色名を記述します．色名は，頭文字が大文字であることに注意してください．

```
pigment{color 色名}
```

基本色の例（色名による指定）

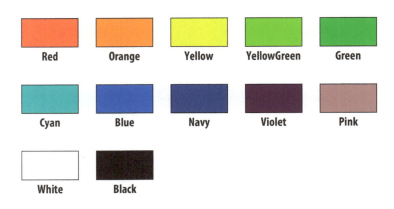

### シーンファイル

ファイル名:3-1.pov

```
#include "colors.inc"
#include "shapes.inc"

camera{
        location <50, 20, 0>
        look_at <0, 0, 0>
        angle 30
}

light_source{<50, 10, 0> color White*1.5}

object{
        sphere{<0, 0, -8>, 2}
        pigment{color Red}          ── color Red で彩色（赤色）
}

object{
        sphere{<0, 0, 0>, 2}
        pigment{color Green}        ── color Green で彩色（緑色）
}

object{
        sphere{<0, 0, 8>, 2}
        pigment{color Blue}         ── color Blue で彩色（青色）
}
```

### 実行結果

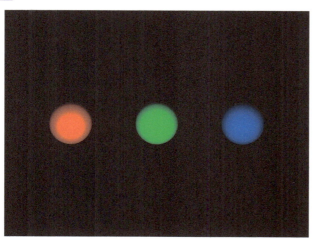

# 3.2 RGBによる彩色

RGBの混合により任意の色彩を表現することができます．RGBによる彩色は，RGBの混合比率（$r$, $g$, $b$値）を指定することにより行うことができます．

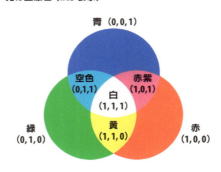

光の三原色（RGB表示）

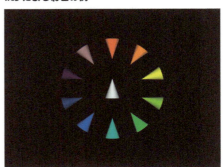

RGBによる彩色の例

**書式** RGBの値を指定します．rgbの後の<>内には$r$, $g$, $b$値を記述します．$r$値，$g$値，$b$値はそれぞれ0から1の間の数値で指定します．

```
pigment{rgb <r, g, b>}
```

基本色の例（RGBの値による指定）

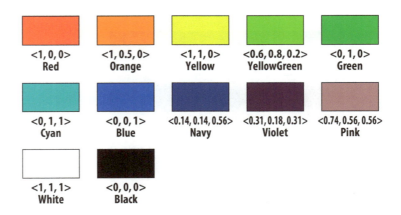

### シーンファイル

ファイル名：3-2.pov

```
#include "colors.inc"
#include "shapes.inc"

camera{
        location <50, 20, 0>
        look_at <0, 0, 0>
        angle 30
}

light_source{<50, 10, 0> color White*1.5}

object{
        cone{<0, -3, -8>, 2, <0, 3, -8>, 0}
        pigment{rgb <1, 0, 0>}
}

object{
        cone{<0, -3, 0>, 2, <0, 3, 0>, 0}
        pigment{rgb <0, 1, 0>}
}

object{
        cone{<0, -3, 8>, 2, <0, 3, 8>, 0}
        pigment{rgb <0, 0, 1>}
}
```

- rgb <1,0,0> で彩色（赤色）
- rgb <0,1,0> で彩色（緑色）
- rgb <0,0,1> で彩色（青色）

### 実行結果

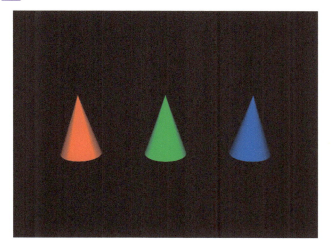

# 3.3 透明化

透明化は，物体の透明度（$t$ 値）を指定することにより行うことができます．

**透明化処理なし**　　　　　　　　　　**透明化処理あり**

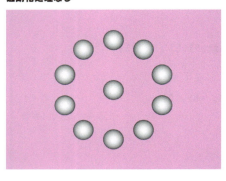

**書式 1**　RGB の値とともに透明度 $t$ を指定します．rgbt の後の < > 内には $r, g, b$ 値および $t$ 値を記述します．$t$ 値は 0 から 1 の間の数値で指定します．数値が 1 に近いほど，物体は透明になります．$t$=1.0 では完全に透明，$t$=0.0 では完全に不透明となります．

```
pigment{rgbt <r, g, b, t>}
```

**書式 2**　色名とともに透明度 $t$ を指定します．色名の後に transmit を記述し，その後に $t$ 値を記述します．$t$ 値は 0 から 1 の間の数値で指定します．数値が 1 に近いほど，物体は透明になります．$t$=1.0 では完全に透明，$t$=0.0 では完全に不透明になります．

```
pigment{color 色名 transmit t}
```

## シーンファイル

ファイル名：3-3.pov

```
#include "colors.inc"
#include "shapes.inc"

camera{
        location <30, 20, 0>
        look_at <0, 0, 0>
        angle 30
}

light_source{<30, 10, 0> color White*2 shadowless}

object{
        sphere{<0, 0, -4>, 2}
        pigment{rgbt <1, 1, 1, 0.8>}    画面左の球を
}                                       透明化処理（透明度0.8）

object{
        sphere{<0, 0, 4>, 2}
        pigment{rgbt <1, 1, 1, 0.95>}   画面右の球を
}                                       透明化処理（透明度0.95）

object{
        plane{x, -100}
        pigment{color Plum}
}
```

## 実行結果

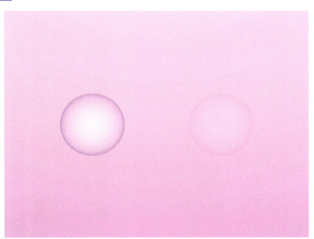

# 3.4 パターンによる彩色

パターンによる彩色は，パターンと色を指定することにより行うことができます．

**チェッカーパターン**　　　**レンガパターン**　　　**六角形パターン**

### 書式　チェッカーパターン

checker を記述し，それに続けてパターンの色を 2 個指定します．パターンの色は，色名または $r$, $g$, $b$ 値により指定します．

```
pigment{checker color 色名1, color 色名2}
```

```
pigment{checker rgb <r₁, g₁, b₁>, rgb <r₂, g₂, b₂>}
```

### 書式　レンガパターン

brick を記述し，それに続けてパターンの色を 2 個指定します．パターンの色は，色名または $r$, $g$, $b$ 値により指定します．

```
pigment{brick color 色名1, color 色名2}
```

```
pigment{brick rgb <r₁, g₁, b₁>, rgb <r₂, g₂, b₂>}
```

### 書式　六角形パターン

hexagon を記述し，それに続けてパターンの色を 3 個指定します．パターンの色は，色名または $r$, $g$, $b$ 値により指定します．

```
pigment{hexagon color 色名1, color 色名2, color 色名3}
```

```
pigment{hexagon rgb <r₁, g₁, b₁>, rgb <r₂, g₂, b₂>, rgb <r₃, g₃, b₃>}
```

## シーンファイル

ファイル名:3-4.pov

```
#include "colors.inc"
#include "shapes.inc"

camera{
        location <90, 60, 30>
        look_at <0, 0, 0>
        angle 30
}

light_source{<90, 90, 30> color White*2}

object{
        sphere{<0, 0, -18>, 6}
        pigment{checker color White, color Green}
}

object{
        box{<-5, -5, -5>, <5, 5, 5>}
        pigment{brick color White, color Cyan}
}

object{
        cylinder{<0, -3, 18>, <0, 3, 18>, 6}
        pigment{hexagon color White, color Green, color Cyan}
}
```

- チェッカーパターンで彩色した球
- レンガパターンで彩色した立方体
- 六角形パターンで彩色した円柱

## 実行結果

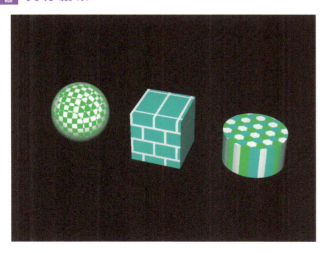

# 3.5 演習・作ってみよう [自動車]

**課題 1** 基本図形と彩色を使って車の 3DCG を作ってみましょう．路面はチェッカーパターンを使って作ってみましょう．

### シーンファイル

ファイル名：3-5A.pov

```
#include "colors.inc"
#include "shapes.inc"

camera{
        location <10, 5, -5>
        look_at <0, 0, 0>
        angle 25
}

light_source{<30, 15, -20> color White*2.5 shadowless}

object{
        box{<0.5, 0, -1>, <-0.5, 0.5, 1>}
        pigment{color Red}
}

object{
        box{<0.5, 0.5, -0.5>, <-0.5, 1, 0.5>}
        pigment{color Orange}
}

object{
        cylinder{<-0.6, 0, -0.5>, <-0.4, 0, -0.5>, 0.3}
        pigment{color Black}
}

object{
        cylinder{<0.4, 0, -0.5>, <0.6, 0, -0.5>, 0.3}
        pigment{color Black}
}
```

車体下部（赤色の直方体）

車体上部（オレンジ色の直方体）

画面後方左側の車輪（黒色の円柱）

画面前方左側の車輪（黒色の円柱）

```
object{
    cylinder{<-0.6, 0, 0.5>, <-0.4, 0, 0.5>, 0.3}
    pigment{color Black}
}
object{
    cylinder{<0.4, 0, 0.5>, <0.6, 0, 0.5>, 0.3}
    pigment{color Black}
}
object{
    plane{y, -1}
    pigment{checker color White, color Green}
}
```

― 画面後方右側の車輪（黒色の円柱）
― 画面前方右側の車輪（黒色の円柱）
― 路面（チェッカーパターンで彩色）

### 実行結果

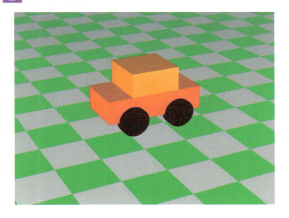

**課題 2** ▶ 透明化処理を行うことにより，自動車を構成している各要素の配置を確認することができます．背景は透明化処理がわかりやすいものを使用し，適切に配置します．シーンファイル 3-5A.pov の必要部分を書き換えて作成してみましょう．

### シーンファイル

ファイル名：3-5B.pov

```
            :
            :
object{
    box{<0.5, 0, -1>, <-0.5, 0.5, 1>}
    pigment{color rgbt <1, 0, 0, 0.7>}
}
```
― 透明化処理（透明度 0.7）

```
object{
    box{<0.5, 0.5, -0.5>, <-0.5, 1, 0.5>}
    pigment{color rgbt <1, 0.64, 0, 0.7>}  ── 透明化処理（透明度0.7）
}

object{
    cylinder{<-0.6, 0, -0.5>, <-0.4, 0, -0.5>, 0.3}
    pigment{color rgbt <0, 0, 0, 0.9>}  ── 透明化処理（透明度0.9）
}

object{
    cylinder{<0.4, 0, -0.5>, <0.6, 0, -0.5>, 0.3}
    pigment{color rgbt <0, 0, 0, 0.9>}  ── 透明化処理（透明度0.9）
}

object{
    cylinder{<-0.6, 0, 0.5>, <-0.4, 0, 0.5>, 0.3}
    pigment{color rgbt <0, 0, 0, 0.9>}  ── 透明化処理（透明度0.9）
}

object{
    cylinder{<0.4, 0, 0.5>, <0.6, 0, 0.5>, 0.3}
    pigment{color rgbt <0, 0, 0, 0.9>}  ── 透明化処理（透明度0.9）
}

object{
    plane{y, -100}                      ── 背景
    pigment{color Plum}                    （プラム色の無限平面）
}
```

## 実行結果

**透明化処理をした場合**

CHAPTER 4

# 光源と陰影

**4.1** 点光源と面光源

**4.2** 複数光源

**4.3** スポットライト

**4.4** 陰影

**4.5** 演習・作ってみよう [室内灯]

この章では,シーン全体や物体の明るさなどを表現するための光源と陰影について学習します.光源には点光源,面光源などがあります.
光源を使い分け,陰影を変化させることにより,物体の存在感の強調やシーン全体の雰囲気の調整を行うことができます.

# 4.1 点光源と面光源

点光源は，照射位置を中心として全方向へ均等に光を照射します．面光源は，平面的な広がりを持つ光源で，光を特定の方向へ強く照射します．点光源，面光源とも照射位置，色名などを指定することにより設置することができます．

**点光源を使用**

**面光源を使用**

### 書式　点光源

照射位置 $(x, y, z)$ と光の色を指定します．光の色は，色名または $r$, $g$, $b$ 値により指定します．

```
light_source{<x, y, z> color 色名}
```

```
light_source{<x, y, z> rgb <r, g, b>}
```

### 書式　面光源

面光源は点光源を複数並べることにより表現します．点光源における指定内容に加え，area_light を記述し，照射位置を中心とする長方形の縦と横の辺の方向ベクトル $(x_2, y_2, z_2)$, $(x_3, y_3, z_3)$，面光源となる長方形に設置する点光源の縦と横の個数 $(n_1, n_2)$ を数値で記述します．jitter の記述はなくてもかまいませんが，jitter を記述したほうが影は自然な感じになります．

```
light_source{
    <x, y, z> color 色名
    area_light
    <x₂, y₂, z₂>, <x₃, y₃, z₃>
    n₁, n₂
    jitter
}
```

```
light_source{
    <x, y, z> rgb <r, g, b>
    area_light
    <x₂, y₂, z₂>, <x₃, y₃, z₃>
    n₁, n₂
    jitter
}
```

#### シーンファイル

ファイル名：4-1.pov

```
#include "colors.inc"
#include "shapes.inc"

camera{
        location <20, 10, 0>
        look_at <0, 0, 0>
        angle 30
}

light_source{
        <5, 10, 0> color White*2
        area_light
        <15, 0, 0>, <0, 0, 15>
        5, 5
        jitter
}

object{
        sphere{<0, 0, 0>, 1}
        pigment{color Orange}
}

object{
        plane{y, -3}
        pigment{color Plum}
}
```

面光源（縦方向に5個，横方向に5個，合計25個の点光源を配置）

#### 実行結果

# 4.2 複数光源

光源は複数設定することができます．また，点光源と面光源を混在させることもできます．

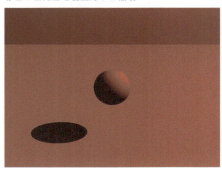
赤色の点光源を右上方から照射

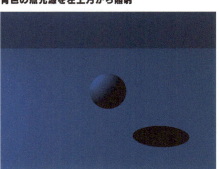
青色の点光源を左上方から照射

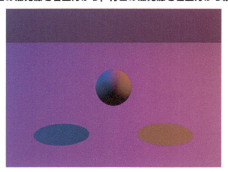
赤色の点光源を右上方から，青色の点光源を左上方から照射

**書式** light_source を必要な光源の数だけ列挙します．点光源と面光源を混在させることもできます．光の色は，色名または $r$, $g$, $b$ 値により指定します．

```
light_source{<x₁, y₁, z₁> color 色名}
light_source{<x₂, y₂, z₂> color 色名}
     :
     :
light_source{<xₙ, yₙ, zₙ> color 色名}
```

```
light_source{<x₁, y₁, z₁> rgb <r₁, g₁, b₁>}
light_source{<x₂, y₂, z₂> rgb <r₂, g₂, b₂>}
     :
     :
light_source{<xₙ, yₙ, zₙ> rgb <rₙ, gₙ, bₙ>}
```

## シーンファイル

ファイル名：4-2.pov

```
#include "colors.inc"
#include "shapes.inc"

camera{
        location <20, 10, 0>
        look_at <0, 0, 0>
        angle 30
}

light_source{<0, 20, 20> color Red}      ─ 右上方向からの赤色光
light_source{<0, 20, -20> color Blue}    ─ 左上方向からの青色光

object{
        sphere{<0, 0, 0>, 1}
        pigment{color White}
}

object{
        plane{y, -3}
        pigment{color White}
}
```

## 実行結果

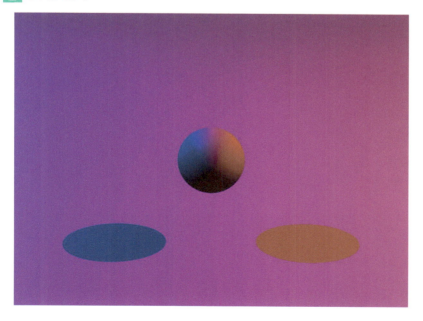

# 4.3 スポットライト

スポットライトは，点光源における指定内容に加え，照射目標位置（point_at），強調半径（radius）と照射半径（falloff）を指定することにより設定することができます．強調半径 $\theta_r$ と照射半径 $\theta_f$ の角度の単位には度（°）を用います．スポットライトは，照射目標位置を中心とする強調半径内を明るく照らし，照射半径内に光が収まるように照らします．

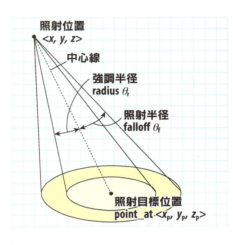
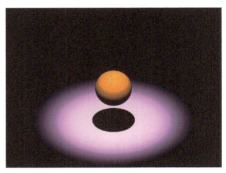

**書式** 点光源における指定内容に加え，spotlight を記述し，それに続けて照射目標位置（$x_p, y_p, z_p$），強調半径 $\theta_r$，照射半径 $\theta_f$ を数値で記述します．光の色は，色名または $r, g, b$ 値により指定します．

```
light_source{
    <x, y, z> color 色名
    spotlight
    point_at <xp, yp, zp>
    radius θr
    falloff θf
}
```

```
light_source{
    <x, y, z> rgb <r, g, b>
    spotlight
    point_at <xp, yp, zp>
    radius θr
    falloff θf
}
```

### シーンファイル

ファイル名：4-3.pov

```
#include "colors.inc"
#include "shapes.inc"

camera{
        location <20, 10, 0>
        look_at <0, 0, 0>
        angle 30
}

light_source{<5, 10, 0> color White*2
        spotlight
        point_at <0, 0, 0>
        radius 10
        falloff 15
}

object{
        sphere{<0, 0, 0>, 1}
        pigment{color Orange}
}

object{
        plane{y, -3}
        pigment{color Plum}
}
```

強調半径10°、照射半径15°のスポットライト

### 実行結果

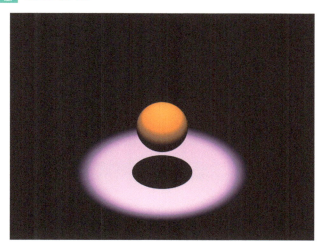

## 4.4 陰影

陰（かげ）と影（かげ）の指すものは異なります．陰は，物体自身の形状により光が遮蔽されて物体表面にできる暗部のことです．いっぽう影は，物体が光を遮蔽することにより他の物体にできる暗部のことです．これらをまとめて陰影といいます．

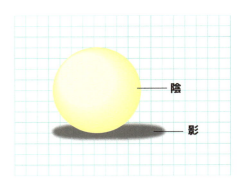 

影は非表示にすることができます．影を非表示にしたほうが，物体自体や物体どうしの関係が見やすくなる場合があります．

**点光源を左上方から照射（影表示）**　　**点光源を左上方から照射（影非表示）**

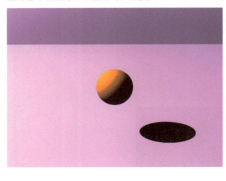 

**書式　影の非表示**

影の消去を指定します．light_source の後の { } の最後に shadowless を記述します．光の色は，色名または $r$, $g$, $b$ 値により指定します．

```
light_source{<x, y, z> color 色名 shadowless}
```

```
light_source{<x, y, z> rgb <r, g, b> shadowless}
```

### シーンファイル

ファイル名:4-4.pov

```
#include "colors.inc"
#include "shapes.inc"

camera{
        location <20, 10, 0>
        look_at <0, 0, 0>
        angle 30
}

light_source{<0, 20, -20> color White*2 shadowless}

object{
        cone{<0, 0, 0>, 1, <0, 2, 0>, 0}
        pigment{color Orange}
}

object{
        plane{x, -15}
        pigment{color Plum}
}

object{
        plane{y, -3}
        pigment{color Plum}
}
```

「*2」で光の強さを2倍に，「shadowless」で影を非表示

### 実行結果

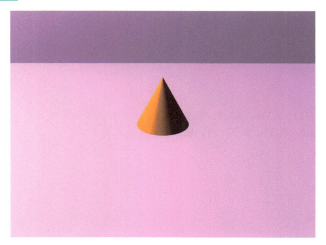

## 4.5 演習・作ってみよう [室内灯]

**課題** 複数の光源を使って室内灯の 3DCG を作ってみましょう．室内灯が優しい雰囲気の間接照明になるように光源を配置してみましょう．

### シーンファイル

ファイル名：4-5.pov

```
#include "colors.inc"
#include "shapes.inc"

camera{
        location <6, 6, -10>
        look_at <0, 0, 0>
        angle 40
}

light_source{<0, 30, -5> color White*3}    物体の外部に設置した点光源
light_source{<0, 0, 0> color White*3}      物体の内部に設置した点光源

// No.1
object{
        box{<-0.1, 0.1, 0.1>, <-0.9, 0.9, 0.9>}     No.1 の立方体
        pigment{rgbt <0.37, 0.37, 1, 0.8>}
}

// No.2
object{
        box{<-0.1, 0.1, -0.1>, <-0.9, 0.9, -0.9>}   No.2 の立方体
        pigment{rgbt <0.37, 0.37, 1, 0.8>}
}

// No.3
object{
        box{<0.1, 0.1, 0.1>, <0.9, 0.9, 0.9>}       No.3 の立方体
        pigment{rgbt <0.37, 0.37, 1, 0.8>}
}
```

```
// No.4
object{
    box{<0.1, 0.1, -0.1>, <0.9, 0.9, -0.9>}         ── No.4の立方体
    pigment{rgbt <0.37, 0.37, 1, 0.8>}
}

// No.5
object{
    box{<-0.1, -0.1, 0.1>, <-0.9, -0.9, 0.9>}       ── No.5の立方体
    pigment{rgbt <0.37, 0.37, 1, 0.8>}
}

// No.6
object{
    box{<-0.1, -0.1, -0.1>, <-0.9, -0.9, -0.9>}     ── No.6の立方体
    pigment{rgbt <0.37, 0.37, 1, 0.8>}
}

// No.7
object{
    box{<0.1, -0.1, 0.1>, <0.9, -0.9, 0.9>}         ── No.7の立方体
    pigment{rgbt <0.37, 0.37, 1, 0.8>}
}

// No.8
object{
    box{<0.1, -0.1, -0.1>, <0.9, -0.9, -0.9>}       ── No.8の立方体
    pigment{rgbt <0.37, 0.37, 1, 0.8>}
}

object{
    plane{y, -1.5}
    pigment{color MidnightBlue}
}
```

シーンファイルの「//」が記述されている行は，コメント行です．コメント行は，9を行った際に実行されません．シーンファイルが長い場合や複雑な場合は，適宜コメント行を記述しておくと，シーンファイルを見直すときなどに便利です．

🏃 実行結果

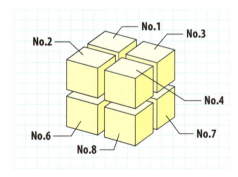

060 ● Chapter4 光源と陰影

# CHAPTER 5

# 座標変換

**5.1** 移動

**5.2** 回転

**5.3** 拡大と縮小

**5.4** 座標変換の組み合わせ

**5.5** 演習・作ってみよう［汽車］

この章では，物体の配置や大きさを変える場合に利用する座標変換について学習します．
座標変換には移動，回転，拡大・縮小があります．これらの座標変換を組み合わせて使用することもできます．
座標変換を利用すると，物体の再配置や調整なども容易に行うことができます．

# 5.1 移動

移動は，各方向（X方向，Y方向，Z方向）への移動距離を指定することにより行うことができます．

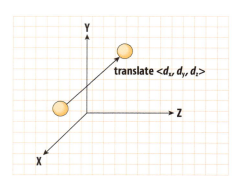
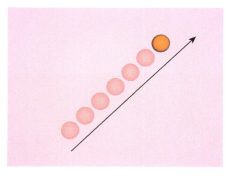

**書式1** 各方向（X方向，Y方向，Z方向）への移動距離を指定します．translateの後の< >内には移動距離（$d_x, d_y, d_z$）を数値で記述します．

```
translate <dx, dy, dz>
```

**書式2** 移動距離と移動方向を指定します．translateの後には移動距離（$d_x$，$d_y$または$d_z$）を数値で記述し，移動距離の後に移動方向（x，yまたはz）を記述します．

```
translate dx*x      translate dy*y      translate dz*z
```

### シーンファイル

ファイル名：5-1.pov

```
#include "colors.inc"
#include "shapes.inc"

camera{
        location <10, 5, 0>
        look_at <0, 0, 0>
        angle 40
}

light_source{<20, 10, 0> color White}

object{
        sphere{<0, 0, 0>, 0.5}
        pigment{color Orange}
}

object{
        sphere{<0, 0, 0>, 0.5}
        pigment{color Red}
        translate <0, 2, 0>
}

object{
        sphere{<0, 0, 0>, 0.5}
        pigment{color Pink}
        translate <0, -2, 0>
}
```

- (0, 0, 0)を中心とし、半径を0.5とするオレンジ色の球
- オレンジ色の球をY軸方向へ2移動させた赤色の球
- オレンジ色の球をY軸方向へ-2移動させたピンク色の球

### 実行結果

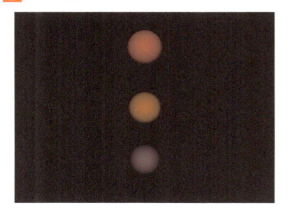

## 5.2 回転

回転は,各軸(X軸,Y軸,Z軸)周りの回転角度を指定することにより行うことができます.なお,回転角度の単位には度(°)を用います.

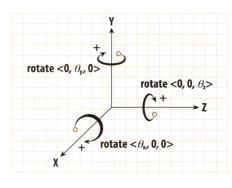
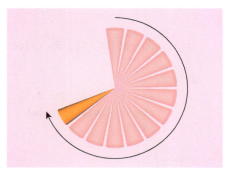

**書式 1** 各軸(X軸,Y軸,Z軸)周りの回転角度を指定します.rotate の後の < > 内には回転角度($\theta_x$, $\theta_y$, $\theta_z$)を数値で記述します.

```
rotate <θx, θy, θz>
```

**書式 2** 回転角度と回転軸を指定します.rotate の後には回転角度($\theta_x$, $\theta_y$ または $\theta_z$)を数値で記述し,回転角度の後に回転軸(x, y または z)を記述します.

```
rotate θx*x          rotate θy*y          rotate θz*z
```

### シーンファイル

ファイル名：5-2.pov

```
#include "colors.inc"
#include "shapes.inc"

camera{
    location <10, 5, 0>
    look_at <0, 0, 0>
    angle 40
}

light_source{<20, 10, 0> color White}

object{
    cone{<0, 0, 0>, 0, <0, 0, 3>, 0.3}
    pigment{color Orange}
}

object{
    cone{<0, 0, 0>, 0, <0, 0, 3>, 0.3}
    pigment{color Red}
    rotate <0, 90, 0>
}

object{
    cone{<0, 0, 0>, 0, <0, 0, 3>, 0.3}
    pigment{color Pink}
    rotate <0, -90, 0>
}
```

（0, 0, 0）と（0, 0, 3）を底面中心とし，底面半径を 0.3 とするオレンジ色の円錐

オレンジ色の円錐を Y 軸周りに 90°回転させた赤色の円錐

オレンジ色の円錐を Y 軸周りに -90°回転させたピンク色の円錐

### 実行結果

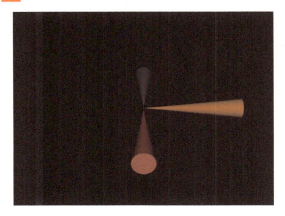

# 5.3 拡大と縮小

拡大・縮小は，各方向（X方向，Y方向，Z方向）への拡大・縮小倍率を指定することにより行うことができます．

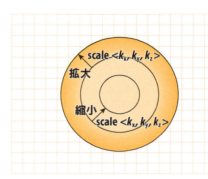
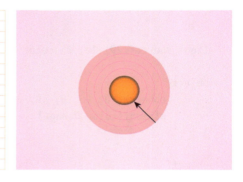

**書式 1** 各方向（X方向，Y方向，Z方向）への拡大・縮小倍率を指定します．scaleの後の< >内には倍率（$k_x, k_y, k_z$）を数値で記述します．

```
scale <kx, ky, kz>
```

**書式 2** 拡大・縮小倍率のみ記述します．各方向（X方向，Y方向，Z方向）へ均等に拡大・縮小が行われます．scaleの後の $k$ は倍率を表し，数値を記述します．

```
scale k
```

## シーンファイル

ファイル名:5-3.pov

```
#include "colors.inc"
#include "shapes.inc"

camera{
        location <10, 5, 0>
        look_at <0, 0, 0>
        angle 40
}

light_source{<20, 10, 0> color White}

object{
        sphere{<0, 0, 0>, 0.5}        （0, 0, 0）を中心とし,
        pigment{color Orange}          半径を0.5とするオレンジ色の球
}

object{
        sphere{<0, 2, 0>, 0.5}         オレンジ色の球をZ軸方向へ
        pigment{color Red}             1.5倍に拡大（赤色の長球）
        scale <1, 1, 1.5>              ※中心座標は（0, 2, 0）
}

object{
        sphere{<0, -3, 0>, 0.5}        オレンジ色の球を各方向へ均等に
        pigment{color Pink}            0.5倍に縮小（ピンク色の球）
        scale <0.5, 0.5, 0.5>          ※中心座標は（0, -3, 0）
}
```

## 実行結果

# 5.4 座標変換の組み合わせ

座標変換は，組み合わせて使用することができます．座標変換を組み合わせて使用すると，単独で使用したときとは異なる効果を出すことができます．

**原点付近に配置した円錐を回転（rotate）させた場合**

**原点付近に配置した円錐を移動（translate）し，原点を中心として回転（rotate）させた場合**

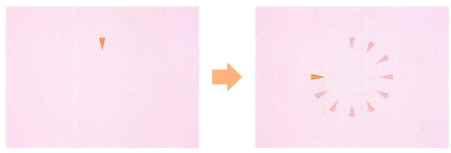

ファイル名：5-4.pov

### シーンファイル

```
#include "colors.inc"
#include "shapes.inc"

camera{
        location <0, 10, 0>
        look_at <0, 0, 0>
        angle 40
}

light_source{<0, 30, 0> color White*2}
```

XZ平面を見下ろすように
Y軸上にカメラを設置

```
object{
    sphere{<0, 0, 0>, 0.3}      （0, 0, 0）を中心とし
    pigment{color Orange}        半径を 0.3 とするオレンジ色の球
    translate <0, 0, 2>          Z 方向へ 2 移動
}

object{
    sphere{<0, 0, 0>, 0.3}      （0, 0, 0）を中心とし
    pigment{color Orange}        半径を 0.3 とするオレンジ色の球
    translate <0, 0, 2>          Z 方向へ 2 移動し，
    rotate <0, 30, 0>            Y 軸周りに 30°回転
}

object{
    sphere{<0, 0, 0>, 0.3}      （0, 0, 0）を中心とし
    pigment{color Orange}        半径を 0.3 とするオレンジ色の球
    translate <0, 0, 2>          Z 方向へ 2 移動し，
    rotate <0, 60, 0>            Y 軸周りに 60°回転
}

object{
    sphere{<0, 0, 0>, 0.3}      （0, 0, 0）を中心とし
    pigment{color Orange}        半径を 0.3 とするオレンジ色の球
    translate <0, 0, 2>          Z 方向へ 2 移動し，
    rotate <0, 90, 0>            Y 軸周りに 90°回転
}
```

### 実行結果

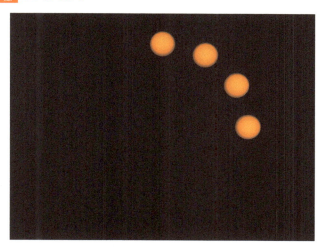

## 5.5 演習・作ってみよう [汽車]

**課題** 座標変換を使って汽車の3DCGを作ってみましょう．汽車を構成する要素は原点付近に作り，それらを座標変換により配置しましょう．

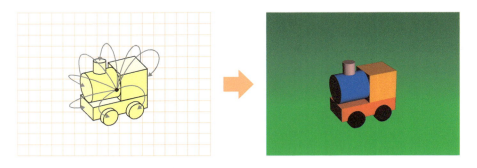

ファイル名：5-5.pov

### シーンファイル

```
#include "colors.inc"
#include "shapes.inc"

camera{
        location <10, 5, -5>
        look_at <0, 0, 0>
        angle 30
}

light_source{<20, 10, 0> color White*2 shadowless}

object{
        box{<0.5, 0, -1>, <-0.5, 0.5, 1>}
        pigment{color Red}
        translate <0, -1, 0>
}

object{
        cylinder{<0, 0, -0.5>, <0, 0, 0.5>, 0.5}
        pigment{color Blue}
        translate <0, 0, -0.5>
}
```

車体下部
（赤色の直方体）

車体前部
（青色の円柱）

```
object{
    box{<0.5, -0.5, -0.5>, <-0.5, 0.5, 0.5>}
    pigment{color Orange}
    translate <0, 0, 0.5>
}

object{
    cylinder{<0, -0.2, 0>, <0, 0.2, 0>, 0.2}
    pigment{color Pink}
    translate <0, 0.7, -0.5>
}

object{
    cylinder{<-0.1, 0, 0>, <0.1, 0, 0>, 0.3}
    pigment{color Black}
    translate <-0.5, -1, -0.5>
}

object{
    cylinder{<-0.1, 0, 0>, <0.1, 0, 0>, 0.3}
    pigment{color Black}
    translate <0.5, -1, -0.5>
}

object{
    cylinder{<-0.1, 0, 0>, <0.1, 0, 0>, 0.3}
    pigment{color Black}
    translate <-0.5, -1, 0.5>
}

object{
    cylinder{<-0.1, 0, 0>, <0.1, 0, 0>, 0.3}
    pigment{color Black}
    translate <0.5, -1, 0.5>
}

object{
    plane{y, -100}
    pigment{color Green}
}
```

- 車体後部（オレンジ色の立方体）
- 煙突（ピンク色の円柱）
- 前方右側の車輪（黒色の円柱）
- 前方左側の車輪（黒色の円柱）
- 後方右側の車輪（黒色の円柱）
- 後方左側の車輪（黒色の円柱）

## 実行結果

カメラの位置を変えることにより，汽車をさまざまな方向から見ることができます．カメラ位置を変えると，汽車を構成するそれぞれの物体が3次元空間の正しい位置に配置されているかを確認することもできます．なお，必要に応じて光源の増設や移設を行うと見やすくなります．

**真横から見る場合のカメラ位置（例）**

```
         :
camera{
        location <10, 0, 0>
        look_at <0, 0, 0>
        angle 30
}
         :
```

**真正面から見る場合のカメラ位置（例）**

```
         :
camera{
        location <0, 0, -10>
        look_at <0, 0, 0>
        angle 30
}
         :
```

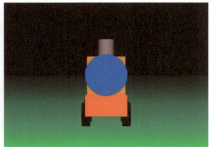

# CHAPTER 6

## マッピング

**6.1** テクスチャマッピング
**6.2** バンプマッピング
**6.3** イメージマッピング
**6.4** 演習・作ってみよう[地球]

この章では,物体の質感を表すための
マッピングについて学習します.
マッピングには,テクスチャマッピング,
バンプマッピング,イメージマッピング
があります.
マッピングを利用することにより,3DCG
の現実感を向上させることができます.

# 6.1 テクスチャマッピング

テクスチャマッピングとは，物体の表面に模様を貼り付けることです．テクスチャマッピングは，インクルードファイルと素材を指定することにより行うことができます．

**テクスチャマッピングなし**

**テクスチャマッピングあり**

**書式** インクルードファイル部分に textures.inc を記述します．さらに，texture の後の { } 内には textures.inc で用意されている素材名を記述します．

```
#include "textures.inc"
           ⋮
texture{素材名}
```

基本素材の例（textures.inc）

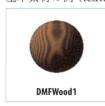

**DMFWood1**

**PinkAlabaster**

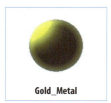

**Gold_Metal**

**Silver_Metal**

**Copper_Metal**

**Chrome_Metal**

**Glass**

**Water**

## シーンファイル

ファイル名：6-1A.pov

```
#include "colors.inc"
#include "shapes.inc"
#include "textures.inc"     基本素材用のインクルード
                            ファイル（textures.inc）を
                            インクルード
camera{
        location <5, 3, 5>
        look_at <0, 0, 0>
        angle 30
}

light_source{<10, 5, 5> color White*2}

object{
        sphere{<0, 0, 0>, 1}    素材（DMFWood1）を
        texture{DMFWood1}       テクスチャマッピングした球
}
```

## 実行結果

基本素材以外に専門的な素材も用意されています．専門的な素材のインクルードファイルと素材名を指定することにより，多様な素材の質感を表現することができます．

**書式**　インクルードファイル部分に，専門的な素材のインクルードファイル名を記述します．さらに，texture の後の { } 内には各インクルードファイルで用意されている素材名を記述します．

```
#include "インクルードファイル名"
                    ：
texture{素材名}
```

木製素材の例（woods.inc）

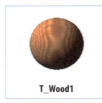
T_Wood1

T_Wood10

T_Wood20

T_Wood35

石素材の例（stones.inc）

T_Grnt0

T_Crack4

T_Stone1

T_Stone44

金属素材の例（metals.inc）

T_Gold_1A

T_Silver_1A

T_Copper_1A

T_Chrome_1A

ガラス素材の例（glass.inc）

T_Glass1

T_Green_Glass

T_Old_Glass

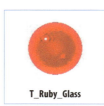
T_Ruby_Glass

### シーンファイル

ファイル名:6-1B.pov

```
#include "colors.inc"
#include "shapes.inc"
#include "metals.inc"      金属素材用のインクルード
                           ファイル(metals.inc)を
                           インクルード

camera{
    location <5, 3, 5>
    look_at <0, 0, 0>
    angle 30
}

light_source{<10, 5, 5> color White*2}

object{
    sphere{<0, 0, 0>, 1}        素材(T_Copper_1A)を
    texture{T_Copper_1A}        テクスチャマッピングした球
}
```

### 実行結果

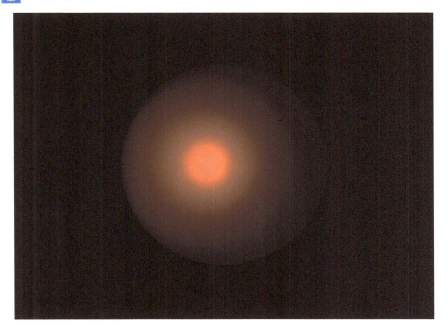

# 6.2 バンプマッピング

バンプマッピングとは，物体の表面に凹凸を付けることです．バンプマッピングは，模様の名前と凹凸の深さを指定することにより行うことができます．

**バンプマッピングなし**　　　　　　　　**バンプマッピングあり**

**書式** 模様名と凹凸の深さを指定します．normal の後の { } 内には模様名と凹凸の深さ $d$ を記述します．凹凸の深さ $d$ は，おおむね 0 から 1 の間の数値で指定します．数値が大きいほど凹凸が深くなります．

```
normal{模様名   d}
```

模様の例

　　agate　　　　　crackle　　　　　granite　　　　　quilted

## シーンファイル

ファイル名：6-2.pov

```
#include "colors.inc"
#include "shapes.inc"

camera{
    location <5, 3, 5>
    look_at <0, 0, 0>
    angle 30
}

light_source{<10, 5, 5> color White*2}

object{
    sphere{<0, 0, 0>, 1}
    pigment{color Orange}
    normal{agate 0.9}
}
```

模様（agate）を
バンプマッピングした球

## 実行結果

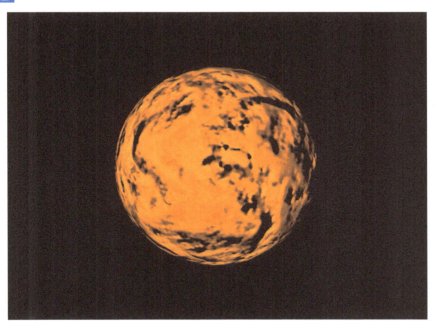

# 6.3 イメージマッピング

イメージマッピングとは，物体の表面に画像を貼り付けることです．イメージマッピングは，ファイルタイプ，画像ファイル名，マッピングタイプを指定することにより行うことができます．画像ファイルはシーンファイル（POV-Rayファイル）と同じフォルダに置きます．なお，マッピングに用いる画像は，画像処理ソフトなどにより作成します．

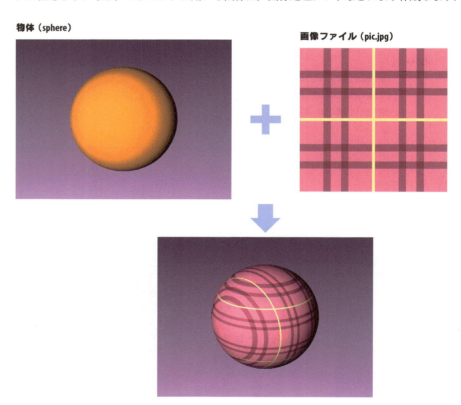

**書式** ファイルタイプ，画像ファイル名，マッピングタイプを指定します．image_mapの後の{ }内にはファイルタイプ，画像ファイル名，マッピングタイプを記述します．ファイルタイプは英字で指定し，マッピングタイプはmap_typeの記述とその後に続く数値$n$で指定します．なお，画像ファイルはシーンファイル（POV-Rayファイル）と同じフォルダに置くことに注意してください．

```
pigment{
    image_map{ファイルタイプ "画像ファイル名" map_type n}
}
```

ファイルタイプと記述形式

| jpg ファイル → jpeg | gif ファイル → gif | png ファイル → png |

マッピングタイプと記述形式

| 平面マッピング → map_type 0 | 球面マッピング → map_type 1 |

## シーンファイル

ファイル名：6-3.pov

```
#include "colors.inc"
#include "shapes.inc"

camera{
        location <5, 3, 5>
        look_at <0, 0, 0>
        angle 30
}

light_source{<10, 5, 5> color White*2}

object{
        sphere{<0, 0, 0>, 1}
        pigment{
                image_map{jpeg "pic.jpg" map_type 0}
        }
}
```

画像（pic.jpg）を平面マッピングでイメージマッピングした球

## 実行結果

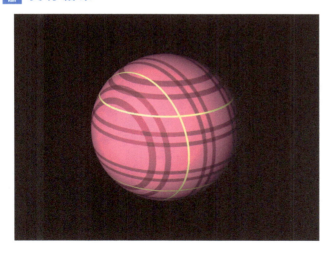

## 6.4 演習・作ってみよう［地球］

**課題** イメージマッピングを使って地球の 3DCG を作ってみましょう．さらに，座標変換も使って日本が見やすい位置になるようにしましょう．マッピングする画像（世界地図）は，インターネットなどで著作権フリーの素材を入手して使用しましょう．

### シーンファイル　　　　　　　　　　　　　　　ファイル名：6-4.pov

```
#include "colors.inc"
#include "shapes.inc"

camera{
    location <9, 3, 0>
    look_at <0, 0, 0>
    angle 30
}

light_source{<10, 5, 5> color White*2}

object{
    sphere{<0, 0, 0>, 1}
    pigment{
        image_map{jpeg "chizu.jpg" map_type 1}
    }
    rotate <0, -30, 0>
}
```

画像（chizu.jpg）を球面マッピングでイメージマッピングした球

球を Y 軸周りに -30°回転

### 実行結果

貼り付けた画像（chizu.jpg）

# CHAPTER 7

# 立体の演算

**7.1** 結合
**7.2** 交差
**7.3** 差
**7.4** 併合
**7.5** 演習・作ってみよう [トイレットペーパー]

この章では，物体の組み合わせや加工を行うための立体の演算について学習します．
ここで扱う立体の演算は，立体どうしの内部領域について集合演算を行う方法で，
CSG（Constructive Solid Geometry）表現といいます．CSG演算には，結合，交差，差，併合があります．
立体の演算を行うことにより，複雑な形状の物体の作成や，複数の物体をまとめて扱うことなどができます．

# 7.1 結合

結合（union）は，個別の物体をひとつに結合します．物体の外側だけでなく，物体の内部も含めて結合されます．2つの物体を結合させるだけでなく，3つ以上を結合させることもできます．なお，union された部分は1つの物体として扱われます．

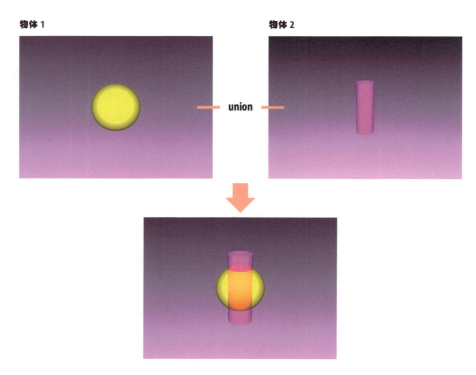

**書式** ▶ 物体1，物体2，…，物体 $n$ を union でくくります．物体1，物体2，…，物体 $n$ には object により定義された図形を記述します．

```
union{
    物体 1
    物体 2
      :
    物体 n
}
```

## シーンファイル

ファイル名:7-1.pov

```
#include "colors.inc"
#include "shapes.inc"

camera{
        location <10, 5, 0>
        look_at <0, 0, 0>
        angle 30
}

light_source{<20, 20, -20> color White*2.5 shadowless}

union{
    object{
            sphere{<0, 0, 0>, 1.0}
            pigment{rgbt <1, 1, 0, 0.5>}         ─ 球（物体1）
    }
    object{
            cylinder{<0, -1.5, 0>, <0, 1.5, 0>, 0.5}
            pigment{rgbt <1, 0, 1, 0.5>}         ─ 円柱（物体2）
    }
}
```

## 実行結果

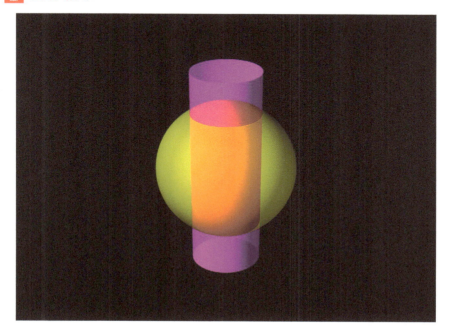

# 7.2 交差

交差（intersection）は，物体どうしの重なった部分を抽出します．2つの物体を交差させるだけでなく，3つ以上を交差させることもできます．なお，intersection された部分は1つの物体として扱われます．

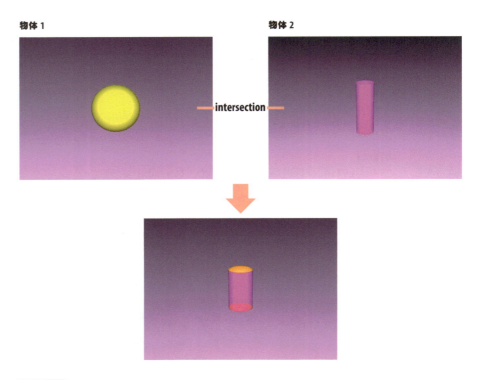

> **書式** ▶ 物体1，物体2，…，物体 $n$ を intersection でくくります．物体1，物体2，…，物体 $n$ には object により定義された図形を記述します．

```
intersection{
        物体 1
        物体 2
          :
        物体 n
}
```

## シーンファイル

ファイル名：7-2.pov

```
#include "colors.inc"
#include "shapes.inc"

camera{
      location <10, 5, 0>
      look_at <0, 0, 0>
      angle 30
}

light_source{<20, 20, -20> color White*2.5 shadowless}

intersection{
     object{
            sphere{<0, 0, 0>, 1.0}            ── 球（物体1）
            pigment{rgbt <1, 1, 0, 0.5>}
     }
     object{                                   ── 円柱（物体2）
            cylinder{<0, -1.5, 0>, <0, 1.5, 0>, 0.5}
            pigment{rgbt <1, 0, 1, 0.5>}
     }
}
```

## 実行結果

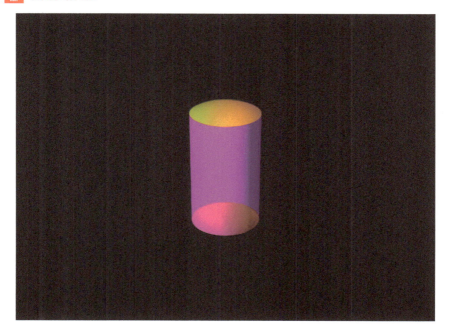

# 7.3 差

差（difference）は，物体どうしの重なった部分を取り除きます．2つの物体の差をとるだけでなく，3つ以上の差をとることもできます．なお，difference された部分は1つの物体として扱われます．

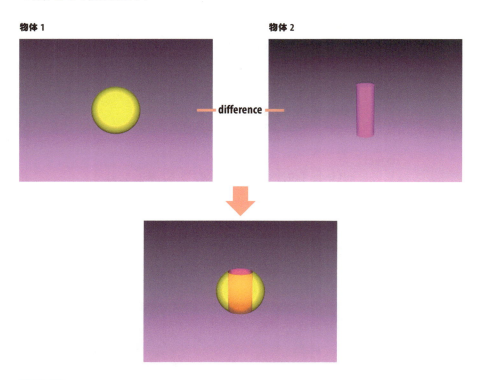

**書式** 物体 1，物体 2，…，物体 $n$ を difference でくくります．物体 1，物体 2，…，物体 $n$ には object により定義された図形を記述します．

```
difference{
    物体 1
    物体 2
      :
    物体 n
}
```

## シーンファイル

ファイル名:7-3.pov

```
#include "colors.inc"
#include "shapes.inc"

camera{
        location <10, 5, 0>
        look_at <0, 0, 0>
        angle 30
}

light_source{<20, 20, -20> color White*2.5 shadowless}

difference{
        object{
                sphere{<0, 0, 0>, 1.0}         ─ 球（物体 1）
                pigment{rgbt <1, 1, 0, 0.5>}
        }
        object{                                  ─ 円柱（物体 2）
                cylinder{<0, -1.5, 0>, <0, 1.5, 0>, 0.5}
                pigment{rgbt <1, 0, 1, 0.5>}
        }
}
```

## 実行結果

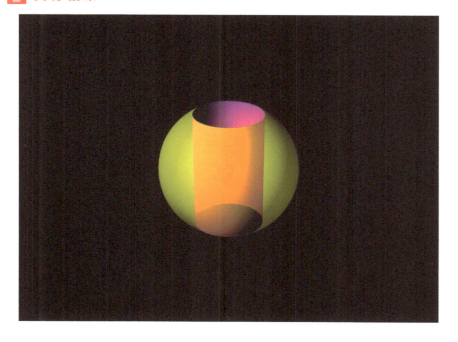

# 7.4 併合

併合（merge）は，物体どうしの外側のみを結合します．2つの物体を併合させるだけでなく，3つ以上を併合させることもできます．なお，merge された部分は1つの物体として扱われます．

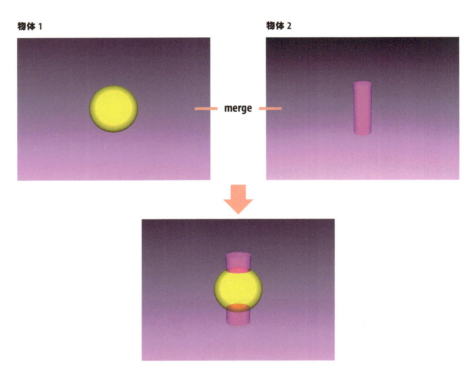

**書式** ▶ 物体1，物体2，…，物体 $n$ を merge でくくります．物体1，物体2，…，物体 $n$ には object により定義された図形を記述します．

```
merge{
        物体1
        物体2
          :
        物体 n
}
```

### シーンファイル

ファイル名：7-4.pov

```
#include "colors.inc"
#include "shapes.inc"

camera{
        location <10, 5, 0>
        look_at <0, 0, 0>
        angle 30
}

light_source{<20, 20, -20> color White*2.5 shadowless}

merge{
    object{
            sphere{<0, 0, 0>, 1.0}              ┐
            pigment{rgbt <1, 1, 0, 0.5>}        ├ 球（物体1）
    }                                           ┘
    object{
            cylinder{<0, -1.5, 0>, <0, 1.5, 0>, 0.5}   ┐
            pigment{rgbt <1, 0, 1, 0.5>}               ├ 円柱（物体2）
    }                                                   ┘
}
```

### 実行結果

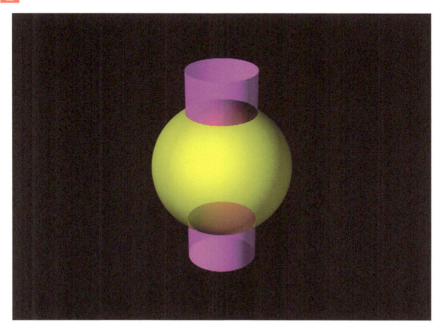

# 7.5 演習・作ってみよう[トイレットペーパー]

**課題1** 立体の演算を使ってトイレットペーパーの 3DCG を作ってみましょう．トイレットペーパーの紙の質感を出してみましょう．

### シーンファイル

ファイル名：7-5A.pov

```
#include "colors.inc"
#include "shapes.inc"

camera{
        location <15, 5, 0>
        look_at <0, 0, 0>
        angle 45
}

light_source{<10, 20, 10> color White*1.5 shadowless}
light_source{<-10, -20, -10> color White*1.5 shadowless}

difference{
        object{
                cylinder{<0, -1, 0>, <0, 2, 0>, 1.6}
                pigment{color White}
                normal{agate 0.03}
        }
        object{
                cylinder{<0, -1.1, 0>, <0, 2.1, 0>, 0.5}
                pigment{color White}
        }
}

object{
        plane{y, -100}
        pigment{color Plum}
}
```

円柱（agate 模様でバンプマッピング）

円柱

### 実行結果

**課題 2** もう一つトイレットペーパーを追加し，2つのトイレットペーパーの3DCGを作ってみましょう．追加するほうのトイレットペーパーは，座標変換により向きを変えてみましょう．

### シーンファイル

ファイル名：7-5B.pov

```
#include "colors.inc"
#include "shapes.inc"

camera{
        location <15, 5, 0>
        look_at <0, 0, 0>
        angle 45
}

light_source{<10, 20, 10> color White*1.5 shadowless}
light_source{<-10, -20, -10> color White*1.5 shadowless}

difference{
        object{
                cylinder{<0, -1, 0>, <0, 2, 0>, 1.6}
                pigment{color White}
                normal{agate 0.03}
        }
        object{
                cylinder{<0, -1.1, 0>, <0, 2.1, 0>, 0.5}
                pigment{color White}
        }
        translate <0, 0, -2>
}
```

画面左のトイレットペーパー

円柱（agate模様でバンプマッピング）

円柱

全体を平行移動

```
difference{
    object{
        cylinder{<0, -1, 0>, <0, 2, 0>, 1.6}
        pigment{color White}
        normal{agate 0.03}
    }
    object{
        cylinder{<0, -1.1, 0>, <0, 2.1, 0>, 0.5}
        pigment{color White}
    }
    rotate <0, 0, 90>
    rotate <0, -20, 0>
    translate <0, 0, 1.5>
}

object{
    plane{y, -100}
    pigment{color Plum}
}
```

円柱（agate 模様でバンプマッピング）

円柱

全体を回転させた後，平行移動

画面右のトイレットペーパー

### 実行結果

CHAPTER

# 背　景

**8.1** 背景色

**8.2** 地形

**8.3** 空

**8.4** 宇宙

**8.5** 演習・作ってみよう [UFO]

この章では，シーンの背景として
利用可能な要素について学習します．
背景要素には，背景色，天球，
ハイトフィールドなどがあります．
これらを利用することにより，
シーン全体の雰囲気を整えることができます．

# 8.1 背景色

背景色は，色名あるいは $r$, $g$, $b$ 値を指定することにより設定できます．また，背景を透明化すれば，実写画像などとの合成も容易となります．

**書式　無地背景**　背景色は，色名または $r$, $g$, $b$ 値により指定します．

background{color 色名}

background{rgb <$r$, $g$, $b$>}

### シーンファイル
ファイル名：8-1A.pov

```
#include "colors.inc"
#include "shapes.inc"
#include "textures.inc"

camera{location <0, 0, 10> look_at <0, 0, 0> angle 30}

light_source{<50, 50, 100> color White}

object{
        Sphere
        texture{
                Silver_Metal
                normal{bumps 0.5 scale 0.03}
        }
}

background{color SkyBlue}    ─ 空色の背景
```

### 実行結果

この例では，銀の球が青味を帯びて表現されています．背景色は，背景部分に彩色されるだけでなく，物体表面への映り込みにも利用されます．

背景を透明化すると，画像処理ソフトなどによる他の画像への重ね合わせが行いやすくなります．なお，背景自体には彩色されませんが，指定された背景色は物体表面への映り込みには利用されます．

**書式　背景透明化**　背景色の指定に加え，背景の透明度に 1 を指定します．transmit の値に 1，あるいは $t$ 値に 1 を記述します．

`background{color 色名 transmit 1}`　　`background{rgbt <r, g, b, 1>}`

### シーンファイル

ファイル名：8-1B.pov

```
#include "colors.inc"
#include "shapes.inc"
#include "textures.inc"

camera{location <0, 0, 10> look_at <0, 0, 0> angle 30}

light_source{<50, 50, 100> color White}

object{
        Sphere
        texture{
                Silver_Metal
                normal{bumps 0.5 scale 0.03}
        }
}

background{color Red transmit 1}   ← 赤色の背景の透明化
```

### 設定

コマンドラインボックスに透明化オプション「+UA」を記述します．

### 実行結果

透明部分である背景は市松模様として表示されています．背景色は物体表面への映り込みに利用されており，銀の球が赤味を帯びています．

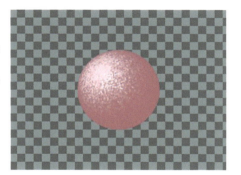

## 8.2 地形

起伏の小さな地形（地面や水面など）は，無限平面とバンプマッピングなどにより表現できます．一方，起伏の大きな地形は，ハイトフィールドを利用することにより表現できます．ハイトフィールドでは，グレースケール画像（モノクロ画像）を与えると，その明暗に応じた高低をもつ三次元の地形オブジェクトが生成されます．なお，このオブジェクトの標準サイズは単位立方体 (0, 0, 0) 〜 (1, 1, 1) の範囲内であるため，座標変換により任意のサイズに調整します．

**グレースケール画像**

**ハイトフィールド**

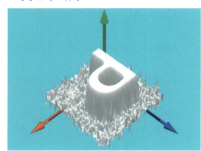

**書式** 地形用のグレースケール画像のファイルタイプとファイル名を指定します．smooth の記述はなくてもかまいませんが，smooth を記述したほうが表面をより滑らかにすることができます．

```
height_field{ファイルタイプ  "ファイル名"  smooth}
```

地形画像の例
画像ファイル Mount1.png と Mount2.png（POV-Ray 3.7 には，どちらの画像ファイルも標準で付属しています．）を利用することにより，山・丘・島などの地形を表現することができます．なお，地形用のグレースケール画像は，画像処理ソフトなどにより任意に作成することもできます．

**Mount1.png のハイトフィールド**

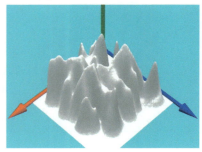

**Mount2.png のハイトフィールド**

### シーンファイル

ファイル名：8-2.pov

```
#include "colors.inc"
#include "shapes.inc"
#include "textures.inc"

camera{
        location <5, 1, 10>
        look_at <0, 1, 0>
        angle 45
}

light_source{<10, 40, 90> color White}

background{color SkyBlue}

object{
        Plane_XZ
        texture{Water scale <2, 0.1, 2> translate 10*z}
}

object{
        Plane_XZ rotate 2*x
        pigment{color Goldenrod}
        normal{wrinkles 1 scale 0.5 turbulence 0.5}
}

object{
        height_field{png "Mount2.png" smooth}
        scale <400, 30, 400> translate <-200, 0, -450>
        pigment{color Gray}
        normal{crackle 2 scale <5, 15, 5> turbulence 0.5}
}
```

- 水面（海）
- 地面（砂浜）
- 地形（岩山）

### 実行結果

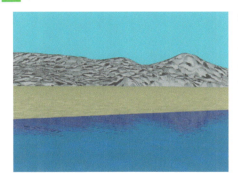

海のtextureでは，scaleとtranslateにより波紋のサイズと位置を調整しています．また，砂浜と岩山のnormalでは，turbulenceにより凹凸模様を乱雑化させています．

## 8.3 空

空は，空名を指定することにより表現することができます．

**書式** インクルードファイル部分に skies.inc を記述します．さらに，sky_sphere の後の { } 内に空名 S_Cloud1～S_Cloud5 のいずれかを記述します．

```
#include "skies.inc"
          ⋮
sky_sphere{空名}
```

**シーンファイル** ファイル名：8-3.pov

```
#include "colors.inc"
#include "shapes.inc"
#include "skies.inc"

camera{location <0, 1, 10> look_at <0, 3, 0> angle 45}

light_source{<100, 50, 50> color White}

object{
    Plane_XZ
    pigment{color ForestGreen}     ──地面（芝生）
    normal{bumps 1 scale 0.01}
}

sky_sphere{S_Cloud1}   ──空（曇り）
```

**実行結果**

空の模様が y=0 の位置で不連続となるため，不自然にならないよう地面に芝生を表現した無限平面を配置しています．

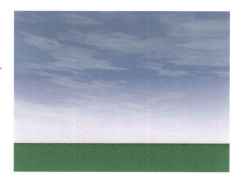

## 8.4 宇宙

宇宙（夜空）は，星の描かれた天球を利用することにより表現することができます．天球は，大きな中空の球にテクスチャマッピングを行い作成します．

**書式**　インクルードファイル部分に stars.inc を記述します．さらに，Sphere scale を記述し，その後に天球半径を数値で記述します．hollow texture の後の { } 内のテクスチャ名には Starfield1 ～ Starfield6 のいずれかを記述します．なお，天球半径にはシーン全体が収まるような大きな値を指定します．

```
#include "stars.inc"
        ：
object{Sphere scale 天球半径 hollow texture{テクスチャ名}}
```

### シーンファイル

ファイル名：8-4.pov

```
#include "shapes.inc"
#include "stars.inc"

camera{location <0, 0, 10> look_at <1, 0.5, 0> angle 30}

object{Sphere scale 10000 hollow texture{Starfield2}}    ── 天球（宇宙）
```

### 設定

高画質化のため，描画解像度を「AA」（アンチエイリアス）に設定します．

### 実行結果

## 8.5 演習・作ってみよう [UFO]

**課題 1** 宇宙と火星を背景として，UFO 目撃の瞬間の 3DCG を作ってみましょう．

シーンファイル　　　　　　　　　　　　　　　　　　　　ファイル名：8-5A.pov

```
#include "colors.inc"
#include "shapes.inc"
#include "textures.inc"
#include "stars.inc"

camera{location <0, 1, 0> look_at <0, 3, 100> angle 30}

light_source{<-500, 500, -1000> color White}

difference{
    union{
        object{Sphere scale <5, 2, 5> translate 3*y}
        object{cone{2*y, 10, 3*y, 5}}
        object{cylinder{1*y, 2*y, 9.5} pigment{color Gray10}}
        object{cone{0*y, 5, 1*y, 10}}
        texture{Silver_Metal}
    }
    union{
        object{Sphere scale <4, 1, 4>}
        object{sphere{<8, 0.6, 0>, 1} rotate   0*y}
        object{sphere{<8, 0.6, 0>, 1} rotate  30*y}
        object{sphere{<8, 0.6, 0>, 1} rotate  60*y}
        object{sphere{<8, 0.6, 0>, 1} rotate  90*y}
        object{sphere{<8, 0.6, 0>, 1} rotate 120*y}
        object{sphere{<8, 0.6, 0>, 1} rotate 150*y}
        object{sphere{<8, 0.6, 0>, 1} rotate 180*y}
        object{sphere{<8, 0.6, 0>, 1} rotate 210*y}
        object{sphere{<8, 0.6, 0>, 1} rotate 240*y}
        object{sphere{<8, 0.6, 0>, 1} rotate 270*y}
        object{sphere{<8, 0.6, 0>, 1} rotate 300*y}
        object{sphere{<8, 0.6, 0>, 1} rotate 330*y}
        pigment{color Yellow*10}
    }
    translate <10, 10, 100>
}
```

本体 / 噴射口（黄色の部分）/ UFO 全体

```
object{
    sphere{<0, -500, 0>, 500}
    pigment{color OrangeRed}
    normal{crackle 1.5 scale 1.5 turbulence 0.5}
}
object{
    Sphere scale 10000
    hollow texture{Starfield1}
}
```

地面（火星） / 背景
天球（宇宙）

### 実行結果

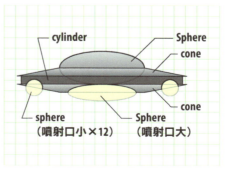

**課題2** 背景を地球の風景にしてみましょう．シーンファイル 8-5A.pov の背景部分を書き換えて作成してみましょう．

**シーンファイル**　　　　　　　　　　　　　　　　　　　　　ファイル名：8-5B.pov

```
#include "colors.inc"
#include "shapes.inc"
#include "textures.inc"
#include "skies.inc"
          :
          :
object{
       height_field{png "Mount2.png" smooth}
       scale <200, 15, 200>
       normal{agate 0.5 scale <10, 0.5, 10>}      地形（岩山）    背景
       pigment{color Goldenrod}
       translate <-100, -10, 0>
}

sky_sphere{S_Cloud1 rotate 30*y}   空（曇り）
```

**実行結果**

CHAPTER

# 繰り返し処理

**9.1** 単純ループによる繰り返し処理
**9.2** 二重ループによる繰り返し処理
**9.3** 演習・作ってみよう［幾何学図形］

この章では，複数の同じ物体を連続して描画する場合などに利用する繰り返し処理について学習します．
繰り返し処理は，一組の単純ループとして使うだけでなく，二重三重と入れ子にして多重ループを構成することもできます．
繰り返し処理を使用することにより，効率よくシーンファイルを記述することができます．

# 9.1 単純ループによる繰り返し処理

単純ループによる繰り返し処理は，繰り返しループ（#while 〜 #end）を設置し，繰り返し回数を指定することにより行うことができます．繰り返す内容は，繰り返しループの間に記述します．

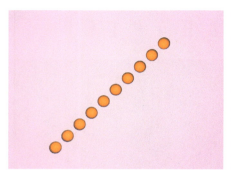
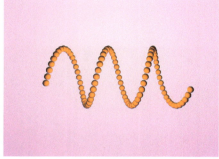

**書式** 繰り返しループ（#while 〜 #end）の間に繰り返す内容を記述し，繰り返し回数を指定します．「i<」の後の $n$ は繰り返し回数を表し，具体的な数値を記述します．「#while 〜 #end」の間に記述した内容が指定した回数（$n$ 回）繰り返されます．なお，i は繰り返し回数をおぼえておくための変数です．また，変数の値を変更するには，#declare を使います．

```
#declare i=0;
#while(i<n)

        繰り返す内容を記述する

    #declare i=i+1;
#end
```

**平行移動の繰り返しの場合（例）**

```
#declare i=0;
#while(i<n)
     object{
          sphere{<x, y, z>, r}
          pigment{color 色名}
          translate <dx*i, dy*i, dz*i>
     }
     #declare i=i+1;
#end
```

## シーンファイル

ファイル名：9-1A.pov

```
#include "colors.inc"
#include "shapes.inc"

camera{
     location <50, 0, 0>
     look_at <0, 0, 0>
     angle 40
}

light_source{<30, 0, 0> color White*2}

#declare i=0;
#while(i<10)
     object{
          sphere{<0, -10, -10>, 1}
          pigment{color Orange}
          translate <0, 2*i, 2*i>
     }
     #declare i=i+1;
#end
```

単純ループによる平行移動の繰り返し（10回）

## 実行結果

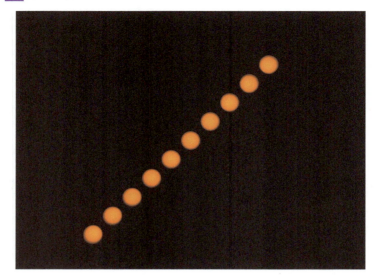

**回転と平行移動を組み合わせた繰り返しの場合（例）**

```
#declare i=0;
#while(i<n)
    object{
        sphere{<x, y, z>, r}
        pigment{color 色名}
        rotate <θx*i, θy*i, θz*i >
        translate <dx*i, dy*i, dz*i>
    }
    #declare i=i+1;
#end
```

## シーンファイル

ファイル名：9-1B.pov

```
#include "colors.inc"
#include "shapes.inc"

camera{
    location <100, 20, 0>
    look_at <0, 0, 0>
    angle 40
}
```

```
light_source{<30, 0, 0> color White*2 shadowless}

#declare i=0;
#while(i<90)
        object{
                sphere{<10, 0, -20>, 1}
                pigment{color Orange}
                rotate <0, 0, 12*i>
                translate <0, 0, 0.5*i>
        }
        #declare i=i+1;
#end
```

単純ループによる回転と
平行移動の繰り返し（90回）

### 実行結果

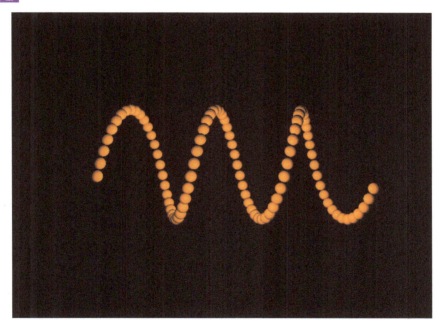

## 9.2 二重ループによる繰り返し処理

二重ループによる繰り返し処理は，二重の繰り返しループ（#while 〜 #end）を設置し，繰り返し回数を指定することにより行うことができます．繰り返す内容は，繰り返しループの間に記述します．

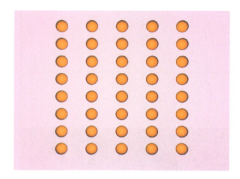

**書式** 繰り返しループ（#while 〜 #end）の間に繰り返す内容を記述し，繰り返し回数を指定します．「i<」，「j<」の後の $m$，$n$ は繰り返し回数を表し，具体的な数値を記述します．二重の「#while 〜 #end」の間が指定した回数（$n \times m$ 回）繰り返されます．これを「入れ子構造」といい，内側のループが $n$ 回繰り返されると，外側のループが1回繰り返されます．結果として，全体が $n \times m$ 回繰り返されます．

```
#declare i=0;
#while(i<m)
    #declare j=0;
    #while(j<n)

        繰り返す内容を記述する

        #declare j=j+1;
    #end
    #declare i=i+1;
#end
```

内側のループ／外側のループ

### シーンファイル

ファイル名：9-2.pov

```
#include "colors.inc"
#include "shapes.inc"

camera{
      location <50, 0, 0>
      look_at <0, 0, 0>
      angle 40
}

light_source{<30, 0, 0> color White*2}

#declare i=0;
#while(i<8)
      #declare j=0;
      #while(j<5)
            object{
                  sphere{<0, -10, -10>, 1}
                  pigment{color Orange}
                  translate <0, 3*i, 5*j>
            }
            #declare j=j+1;
      #end
      #declare i=i+1;
#end
```

二重ループによる繰り返し（5×8=40回）

### 実行結果

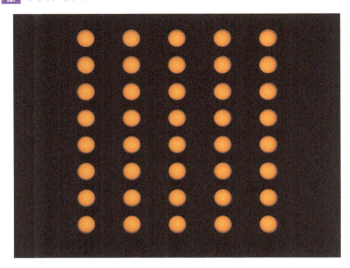

## 9.3 演習・作ってみよう［幾何学図形］

**課題 1** 単純ループによる繰り返し処理を使い，らせん階段を作ってみましょう．

**シーンファイル**　ファイル名：9-3A.pov

```
#include "colors.inc"
#include "shapes.inc"

camera{
        location <100, 50, 100>
        look_at <0, 0, 0>
        angle 30
}

light_source{<0, 50, 0> color White*7 shadowless}

#declare i=0;
#while(i<90)
        object{
                box{<0, -20, 0>, <2, -19.5, 10>}
                pigment{rgbt <0.8, 1, 1, 0.9>}
                rotate <0, 15*i, 0>
                translate <0, 0.5*i, 0>
        }
        #declare i=i+1;
#end

object{
        plane{y, -100}
        pigment{color MidnightBlue}
}
```

単純ループによる回転と平行移動の繰り返し（90 回）

### 実行結果

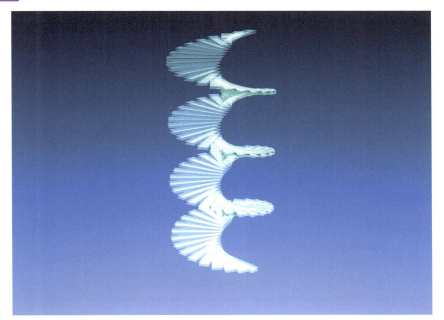

**課題 2** 二重ループによる繰り返し処理を応用し,三重ループによる繰り返し処理を使って,$3 \times 3 \times 3 = 27$ 個の立方体からなるキューブを作ってみましょう.

### シーンファイル

ファイル名:9-3B.pov

```
#include "colors.inc"
#include "shapes.inc"

camera{
        location <20, 10, 15>
        look_at <0, 0, 0>
        angle 40
}

light_source{<10, 20, 30> color White*2 shadowless}


#declare i=0;
#while(i<3)
        #declare j=0;
        #while(j<3)
```

```
            #declare k=0;
            #while(k<3)
                object{
                    box{<0, 0, 0>, <1, 1, 1>}
                    pigment{rgb <0, 1, 1>}
                    translate <2*i, 2*j, 2*k>
                }
                #declare k=k+1;
            #end
            #declare j=j+1;
    #end
    #declare i=i+1;
#end

object{
    plane{y, -20}
    pigment{color Plum}
}
```

三重ループによる
平行移動の繰り返し
（3×3×3＝27 回）

### 実行結果

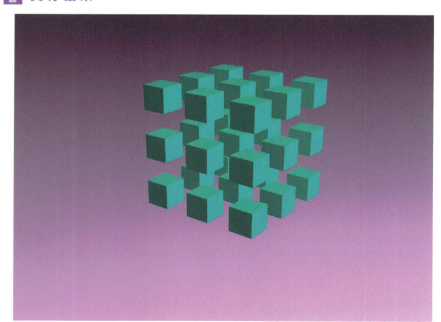

# CHAPTER 10

## アニメーション

**10.1** アニメーションの考え方と作成方法
**10.2** 物体が移動するアニメーション
**10.3** 物体が回転するアニメーション
**10.4** 視点が動くアニメーション
**10.5** 演習・作ってみよう［走行する車］

この章では，POV-Rayによるアニメーションの作成方法について学習します．
物体やカメラが移動する連続した静止画を順に表示すると，アニメーションになります．
POV-Rayには連続した静止画を自動的に生成する機能があります．
これによりアニメーションを効率的に作成することができます．

# 10.1 アニメーションの考え方と作成方法

物体やカメラの位置が少しずつ異なる静止画をつぎつぎに表示すると，アニメーション（動画）になります．動画1秒あたりの静止画の枚数は FPS（Frames Per Second）という値で表し，一般的に 30 FPS 以上であれば滑らかな動画に感じるといわれています．

POV-Ray では，一度の  でアニメーションのもととなる複数の静止画を作ることができます．この1枚1枚の静止画をフレームといい，最初の静止画を開始フレーム，最後の静止画を終了フレームといいます．

また，アニメーションのもととなる静止画を作るために，POV-Ray では "clock" という変数が用意されています．変数 clock は，複数の静止画が作られる間に 0.0 から 1.0 まで自動的に変化します．この clock の値の変化を利用することによって，物体やカメラの位置が少しずつ異なる複数の静止画を作ります．

表示速度 15 FPS で再生される 3 秒間のアニメーションを作成する場合を例に考えます．この場合，15 × 3 = 45 枚の静止画を作成する必要があります．変数 clock は，3 秒間に 0.0 から 1.0 まで等間隔で徐々に変化します．

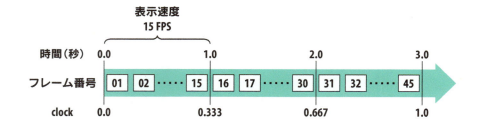

### アニメーションの設定と実行の手順

**設定** コマンドラインボックスに開始フレーム（+KFI$n_1$）と終了フレーム（+KFF$n_2$）を指定します．$n_1$ は開始フレーム番号，$n_2$ は終了フレーム番号を表し，具体的な数値を記述します．

```
+KFIn₁  +KFFn₂
```

開始フレーム番号を1，終了フレーム番号を10とする場合を例に考えます．コマンドラインボックスに「＋KFI1 ＋KFF10」と記述します．「＋KFI1」と「＋KFF10」の間には，半角スペースが入ることに注意してください．（なお，この例ではシーンファイル名は「animation.pov」です）．

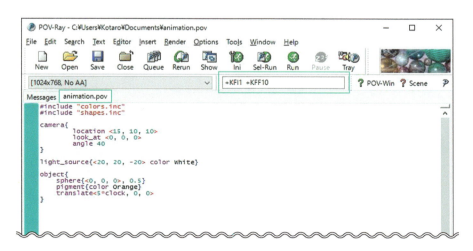

をクリックすると，アニメーションが連続描画されます．また，シーンファイル名の後に01から10までのフレーム番号がついた画像ファイルが，シーンファイルと同じフォルダの中に出力されます．

POV-RayではFPSの指定はなく，何フレームの静止画を作成するかだけを指定します．FPSは11章で説明するアニメーションファイルの作成時に指定します．

# 10.2 物体が移動するアニメーション

物体が移動するアニメーションは，移動（translate）とclockを利用することにより作成することができます．

**書式** 各方向（X方向，Y方向，Z方向）への移動距離（$d_x$, $d_y$, $d_z$）を数値で記述し，移動距離の後に「*clock」を記述します．

```
object{
        物体の形状，色などの定義

        translate <dx*clock, dy*clock, dz*clock>
}
```

物体が移動するアニメーション（例）
球が原点からX方向に15移動するアニメーション．フレーム数は45フレーム．

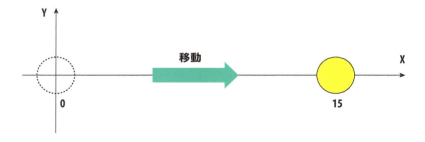

**シーンファイル**　　　　　　　　　　　　　　　　ファイル名：10-2.pov

```
#include "colors.inc"
#include "shapes.inc"

camera{
        location <7.5, 0, -15>
        look_at <7.5, 0, 0>
        angle 70
}

light_source{<20, 20, -20> color White*1.5}
```

```
object{
    sphere{<0, 0, 0>, 1.0}
    pigment{rgb <1, 1, 0>}
    translate <15*clock, 0, 0>   ── 球の移動
}
```

## 設定

コマンドラインボックスに「+KFI1 +KFF45」と記述します．

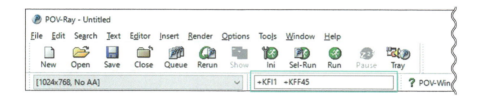

## 実行結果

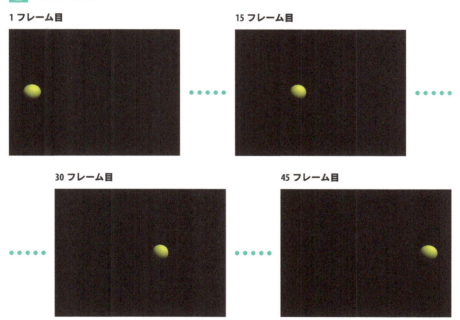

# 10.3 物体が回転するアニメーション

物体が回転するアニメーションは，回転（rotate）と clock を利用することにより作成することができます．

**書式** 各軸（X軸，Y軸，Z軸）周りの回転角度（$\theta_x$, $\theta_y$, $\theta_z$）を数値で記述し，回転角度の後に「*clock」を記述します．

```
object{

        物体の形状，色などの定義

    rotate <θx*clock, θy*clock, θz*clock>
}
```

物体が回転するアニメーション（例）
原点にある円錐が Y 軸周りに 90 度回転するアニメーション．フレーム数は 60 フレーム．

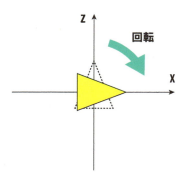

**シーンファイル**　ファイル名：10-3.pov

```
#include "colors.inc"
#include "shapes.inc"

camera{
    location <0, 10, 0>
    look_at <0, 0, 0>
    angle 70
}
```

```
light_source{<20, 20, -20> color White*2}

object{
    cone{<0, 0, 2>, 0, <0, 0, -2>, 3}
    pigment{rgb <1, 1, 0>}
    rotate <0, 90*clock, 0>     ─ 円錐の回転
}
```

### 設定

コマンドラインボックスに「＋KFI1 ＋KFF60」と記述します．

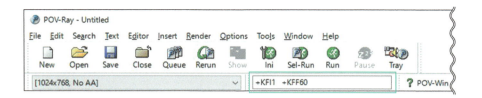

### 実行結果

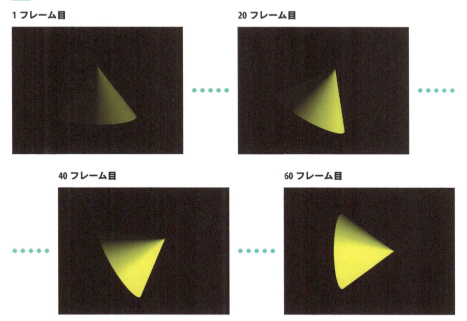

**1 フレーム目**　　　　　　**20 フレーム目**

**40 フレーム目**　　　　　　**60 フレーム目**

# 10.4 視点が動くアニメーション

視点の移動するアニメーションは，camera の設定のなかで，移動（translate）と clock を利用することにより作成することができます．

**書式** 各方向（X方向，Y方向，Z方向）への移動距離（$d_x$, $d_y$, $d_z$）を数値で記述し，移動距離の後に「*clock」を記述します．

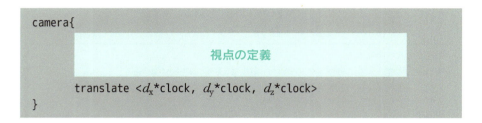

```
camera{
    視点の定義

    translate <dx*clock, dy*clock, dz*clock>
}
```

視点が移動するアニメーション（例）
X軸上に並ぶ2つの球に向かって，視点をZ軸上の−20から−5へ移動するアニメーション．フレーム数は45フレーム．

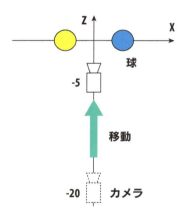

**シーンファイル**　　　　　　　　　　　　　　　　　ファイル名：10-4.pov

```
#include "colors.inc"
#include "shapes.inc"
```

```
camera{
      location <0, 0, -20>
      look_at <0, 0, 0>
      angle 70
      translate <0, 0, 15*clock>    ─ 視点の移動
}

light_source{<20, 20, -20> color White}

object{sphere{<-1.5, 0, 0>, 1} pigment{rgb <1, 1, 0>}}
object{sphere{<1.5, 0, 0>, 1} pigment{rgb <0, 1, 1>}}
```

## 設定

コマンドラインボックスに「＋KFI1 ＋KFF45」と記述します．

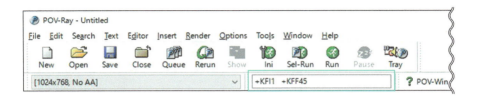

## 実行結果

**1 フレーム目**　　　　　　　　　　　**15 フレーム目**

**30 フレーム目**　　　　　　　　　　**45 フレーム目**

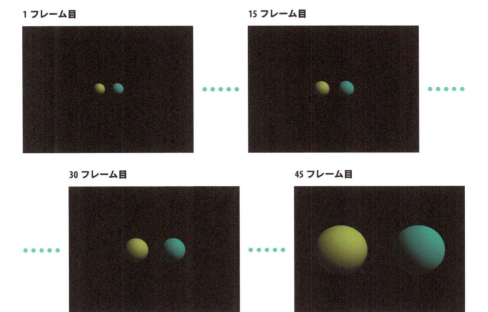

## 10.5 演習・作ってみよう [走行する車]

**課題** 車が走行するアニメーションを作ってみましょう．車は3章で作成した車を利用し，フレーム数は45フレームに設定しましょう．

**シーンファイル**　ファイル名：10-5.pov

```
#include "colors.inc"
#include "shapes.inc"

camera{
        location <10, 5, -5>
        look_at <0, 0, 0>
        angle 25
}

light_source{<30, 15, -20> color White*2.5 shadowless}

union{
        object{
                box{<0.5, 0, -1>, <-0.5, 0.5, 1>}
                pigment{color Red}
        }

        object{
                box{<0.5, 0.5, -0.5>, <-0.5, 1, 0.5>}
                pigment{color Orange}
        }

        object{
                cylinder{<-0.6, 0, -0.5>, <-0.4, 0, -0.5>, 0.3}
                pigment{color Black}
        }

        object{
                cylinder{<0.4, 0, -0.5>, <0.6, 0, -0.5>, 0.3}
                pigment{color Black}
        }
```

車．結合（union）で車の構成要素を一体化

```
        object{
                cylinder{<-0.6, 0, 0.5>, <-0.4, 0, 0.5>, 0.3}
                pigment{color Black}
        }
        object{
                cylinder{<0.4, 0, 0.5>, <0.6, 0, 0.5>, 0.3}
                pigment{color Black}
        }
        translate <0, 0, 5-10*clock>     ┤ 車をZ方向に5から
}                                          −5まで移動（移動量は10）
                                           つまり Z=5−10×clock となる

object{
        plane{y, -1}
        pigment{checker color White, color Green}   ┤ 路面（チェッカー
}                                                     パターンで彩色）
```

## 設定

コマンドラインボックスに「+KFI1 +KFF45」と記述します．

## 実行結果

**1フレーム目**　　　　　　　**5フレーム目**

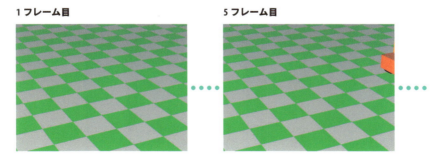

POV-Rayで学ぶ はじめての3DCG制作　●　**125**

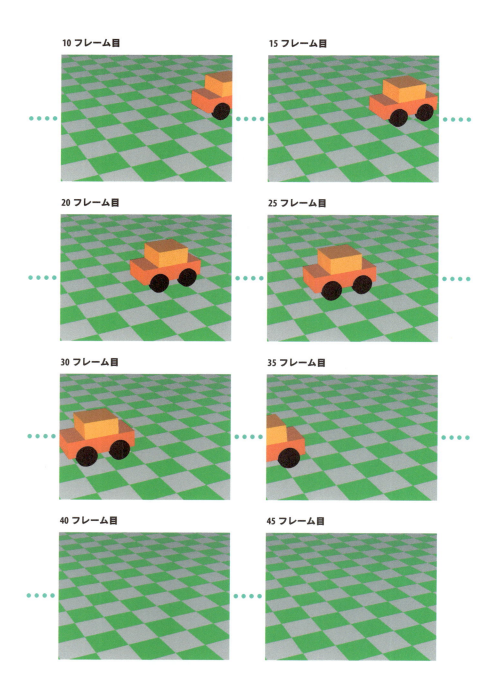

この例では，結合 (union) で車の構成要素を一体化し，移動 (translate) しています．また，車は座標 (0, 0, 5) から (0, 0, -5) まで移動しています．

# CHAPTER 11

# アニメーション
# ファイル

**11.1** アニメーションファイルの作成
**11.2** アニメーションファイルの設定
**11.3** 演習・作ってみよう［太陽系］

この章では，複数枚の静止画像を1本の動画として再生させるためのアニメーションファイルについて学習します．アニメーションファイルは，ルーピング（繰り返し）や再生速度などを設定して作成します．アニメーションファイルはWebページなどで再生することができます．

# 11.1 アニメーションファイルの作成

アニメーションファイルは，時系列画像ファイル群の結合により作成することができます．

■ 時系列画像ファイル群　　　　　　　■ アニメーションファイル

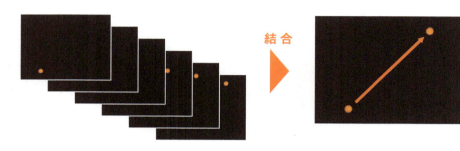

結合

アニメーションファイルにはいくつかの形式がありますが，ここでは，広く使用されているGIF形式のアニメーションファイルを作ります．アニメーションファイルの作成には，フリーソフトウェアの「Giam」（作者：古溝剛氏）を使用します．

> Giam ダウンロード先（窓の杜）
> https://forest.watch.impress.co.jp/library/software/giam/

- Giamをダウンロードし，インストールします．

Giam は Windows の各バージョンで動作します．

- Giamを起動します．

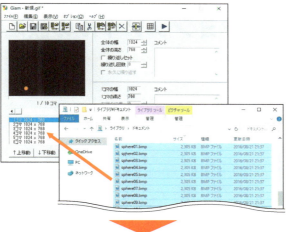

- 必要な時系列画像ファイルをすべて選択し，Giam へドラッグします．

　▶ をクリックすると，アニメーションの動作を確認することができます．

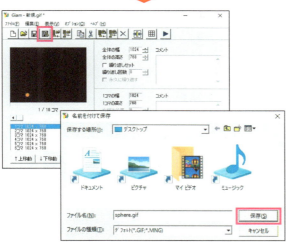

-  をクリックします．
- ファイル名を記述し，「保存」をクリックします．

　この例では，ファイル名を「sphere」としています．

- アニメーション GIF ファイルを Web ブラウザなどで再生します．

# 11.2 アニメーションファイルの設定

アニメーションファイルの設定として，ルーピング（繰り返し）設定と速度設定があります．

### ■ アニメーションのルーピング設定

アニメーションのルーピングを設定するためには，「繰り返しセット」と「永久に繰り返す」のチェックボックスにチェックを入れます．逆に，ルーピングさせたくない場合は，チェックを外します．

- 「繰り返しセット」にチェックを入れます．

- 「永久に繰り返す」にチェックを入れます．

■ **アニメーションの速度設定**
アニメーションの再生速度は「ウェイト」を使って設定します。

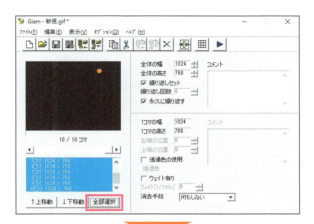

- 「全部選択」ボタンをクリックします

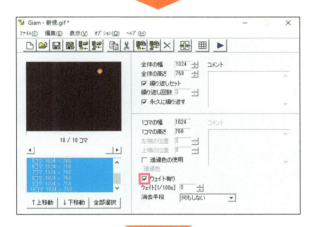

- 「ウェイト有り」にチェックを入れます。

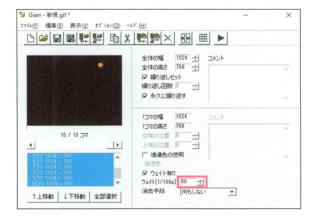

- 「ウェイト[1/100s]」の数値を設定します。

この例では，ウェイト[1/100s]の数値を 50 に設定しています．

ウェイト[1/100s]の数値が大きいほど，アニメーションの再生速度は遅くなります．

## 11.3 演習・作ってみよう［太陽系］

**課題** ▶ 太陽系惑星の運動模型の 3DCG を作り，それらを使ってアニメーションファイルを作ってみましょう．下の表を参考にして，太陽系の外側にある惑星ほど太陽の周りを 1 周する日数が長いことを反映させたアニメーションにしてみましょう．

| 惑星 | 水星 | 金星 | 地球 | 火星 | 木星 | 土星 |
|---|---|---|---|---|---|---|
| 公転周期（日） | 88 | 225 | 365 | 687 | 4332 | 10787 |
| 公転速度（地球＝1） | 4.148 | 1.622 | 1 | 0.531 | 0.084 | 0.034 |

### シーンファイル
ファイル名：11-3.pov

```
#include "colors.inc"
#include "shapes.inc"

// Number of revolution        ┐ 地球を基準とした公転回数を定義
#declare N=2;                   ┘（N=2 なので，地球は太陽の周りを 2 周する）

camera{
        location <300, 200, 0>
        look_at <0, 0, 0>
        angle 35
}

light_source{<1000, 500, 0> color White*3 shadowless}

// Sun
object{
        sphere{<0, 0, 0>, 4}         ┐
        pigment{rgb <1, 0, 0>}       ├ 太陽
}                                    ┘

// Mercury
object{
        sphere{<0, 0, 10>, 0.7}              ┐
        pigment{rgb <0.5, 0.3, 0.3>}         ├ 水星
        rotate <0, 1493*N*clock, 0>          │ （360°×4.148 ≒ 1493°）
}                                            ┘
```

```
// Venus
object{
    sphere{<0, 0, 15>, 0.9}
    pigment{rgb <0.7, 0.7, 0.1>}
    rotate <0, 584*N*clock, 0>
}
```
金星
（360°×1.622≒584°）

```
// Earth
object{
    sphere{<0, 0, 20>, 1}
    pigment{rgb <0.2, 0.4, 1>}
    rotate <0, 360*N*clock, 0>
}
```
地球（360°）

```
// Mars
object{
    sphere{<0, 0, 25>, 0.8}
    pigment{rgb <0.6, 0.2, 0>}
    rotate <0, 191*N*clock, 0>
}
```
火星
（360°×0.531≒191°）

```
// Jupiter
object{
    sphere{<0, 0, 60>, 3}
    pigment{rgb <0.4, 0.2, 0.2>}
    rotate <0, 30*N*clock, 0>
}
```
木星
（360°×0.084≒30°）

```
// Saturn
union{
    object{
        sphere{<0, 0, 100>, 3}
        pigment{rgb <0.7, 0.5, 0.1>}
    }
    object{
        torus{6, 0.8}
        pigment{rgb <0.7, 0.5, 0.1>}
        scale <1, 0.1, 1>
        translate <0, 0, 100>
    }
    rotate <0, 12*N*clock, 0>
}
```
土星と土星の環
（360°×0.034≒12°）

## 11.1 アニメーションファイルの作成

- 「＋KFI」と「＋KFF」を設定し、Run をクリックします。

　この例では、+KFI1, +KFF36 にし、36 フレームからなるアニメーションにしています。

## 11.2 アニメーションファイルの設定

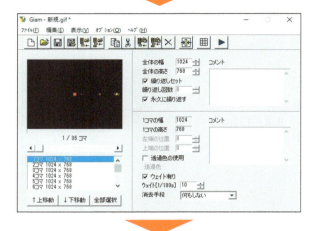

- Giam でアニメーション GIF ファイルを作成します。

## 11.3 演習・作ってみよう［太陽系］

- アニメーション GIF ファイルを Web ブラウザなどで再生します。

　太陽系の惑星が回転しているアニメーションが表示されます。

# 【 巻 末 資 料 】

## 資料1 ▶ 基本図形書式

**球**
1. sphere{<$x$, $y$, $z$>, $r$}
2. Sphere

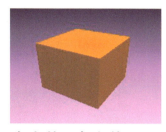

**直方体，立方体**
1. box{<$x_1$, $y_1$, $z_1$>, <$x_2$, $y_2$, $z_2$>}
2. Cube

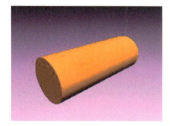

**円柱**
1. cylinder{<$x_1$, $y_1$, $z_1$>, <$x_2$, $y_2$, $z_2$>, $r$}
2. Disk_X   Disk_Y   Disk_Z

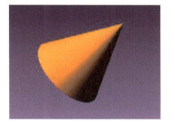

**円錐台，円錐**
1. cone{<$x_1$, $y_1$, $z_1$>, $r_1$, <$x_2$, $y_2$, $z_2$>, $r_2$}
2. Cone_X   Cone_Y   Cone_Z

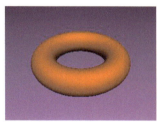

**トーラス**
1. torus{$r_1$, $r_2$}

**無限平面**
1. plane{<$x$, $y$, $z$>, $d$}
2. plane{$x$, $d$}  plane{$y$, $d$}  plane{$z$, $d$}
3. Plane_YZ   Plane_XZ   Plane_XY

## 資料2 ▶ 座標変換書式

**移動**
1. translate <$d_x$, $d_y$, $d_z$>
2. translate $d_x$*x   translate $d_y$*y
   translate $d_z$*z

**回転**
1. rotate <$\theta_x$, $\theta_y$, $\theta_z$>
2. rotate $\theta_x$*x   rotate $\theta_y$*y
   rotate $\theta_z$*z

**拡大，縮小**
1. scale <$k_x$, $k_y$, $k_z$>
2. scale $k$

## 資料3 立体の演算書式

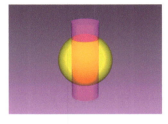

### 結合

```
union{
        物体1
        物体2
        :
}
```

### 交差

```
intersection{
        物体1
        物体2
        :
}
```

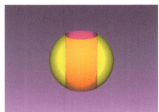

### 差

```
difference{
        物体1
        物体2
        :
}
```

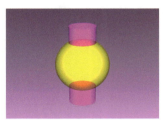

### 併合

```
merge{
        物体1
        物体2
        :
}
```

## 資料4 色見本

## 資料5 テクスチャ

### ■ 基本素材 (textures.inc)

#### 石材，天空，木材，特殊効果

#### ガラス，金属

## ■ 石材 (stones.inc)

## ■ 木材 (woods.inc)

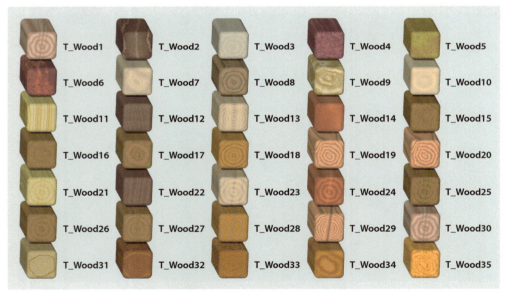

## ■ ガラス (glass.inc)

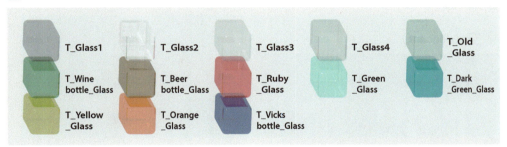

## ■ 金属 (metals.inc)

## 資料6 背景

### ■ 空（skies.inc）

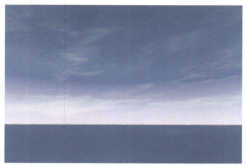
S_Cloud1

S_Cloud2

S_Cloud3

S_Cloud4

S_Cloud5

#### シーンファイルへの使用例

```
#include "colors.inc"
#include "skies.inc"

sky_sphere{S_Cloud1}
```

## ■ 星空 (stars.inc)

Starfield1

Starfield2

Starfield3

Starfield4

Starfield5

Starfield6

### シーンファイルへの使用例

```
#include "shapes.inc"
#include "stars.inc"

object{
      Sphere
      scale 1000
      texture{Starfield1}
      hollow
}
```

# 索引

## 欧文

### B

background ········· 96
box ········· 24
brick ········· 44

### C

camera ········· 15
CGの作成手順 ········· 14
CGの描画 ········· 19
checker ········· 44
clock ········· 105
color ········· 38
colors.inc ········· 15
cone ········· 28
Cone_X ········· 28
Cone_Y ········· 28
Cone_Z ········· 28
CSG ········· 83
Cube ········· 24
cylinder ········· 26

### D

declare ········· 105
difference ········· 88
Disk_X ········· 26
Disk_Y ········· 26
Disk_Z ········· 26

### E・F・G

end ········· 105

falloff ········· 54
FPS ········· 105
gif ········· 81
gifファイル ········· 81
glass.inc ········· 76

### H・I

hexagon ········· 44
hight_field ········· 98
hollow ········· 101
include ········· 15
intersection ········· 86

### J・K・L

jpg ········· 81
jpgファイル ········· 81
KFF ········· 105
KFI ········· 105
light_source ········· 15, 50

### M・N・O

map_type ········· 81
merge ········· 90
metals.inc ········· 76
normal ········· 78
object ········· 15

### P

pigment ········· 38, 40
plane ········· 32
Plane_XY ········· 32
Plane_XZ ········· 32
Plane_YZ ········· 32

png ---------------------------------- 81
png ファイル ------------------------ 81
point_at ----------------------------- 54

### R

radius ------------------------------- 54
RGB ---------------------------------- 38
rgb ----------------------------------- 40
rgbt ---------------------------------- 42
rotate ------------------------------- 64

### S

scale --------------------------------- 66
shadowless ------------------------- 56
shapes.inc -------------------------- 15
skies.inc --------------------------- 100
sphere ------------------------------- 22
Sphere ------------------------------- 22
stars.inc --------------------------- 101
stones.inc --------------------------- 76

### T

$t$ 値 --------------------------------- 42
textures ----------------------------- 74
textures.inc ------------------------ 74
torus --------------------------------- 30
translate ---------------------------- 62
transmit ----------------------------- 42

### U・W

union -------------------------------- 84
while ------------------------------- 105
woods.inc --------------------------- 76

## 和文

### あ

アニメーション -------------------- 105
アニメーションファイル ---- 105, 130
移動 ----------------------------------- 62
移動距離 ---------------------------- 62
イメージマッピング ---------------- 80
入れ子構造 ------------------------ 105
色名 ----------------------------------- 38
陰影 ----------------------------- 49, 56
インクルードファイル ------------ 15
インストール（POV-Ray の）------ 6
宇宙 --------------------------------- 101
円錐 ----------------------------------- 28
円錐台 -------------------------------- 28
円柱 ----------------------------------- 26
凹凸 ----------------------------------- 78
オブジェクト -------------------- 15, 16

### か

解像度 -------------------------------- 20
回転 ----------------------------------- 64
回転角度 ----------------------------- 64
拡大 ----------------------------------- 66
拡大倍率 ----------------------------- 66
陰 , 影 -------------------------------- 56
カメラ --------------------------- 15, 16
起動（POV-Ray の）--------------- 10
基本図形 ----------------------------- 21
球 -------------------------------------- 22
球面マッピング -------------------- 81
強調半径 ----------------------------- 54
繰り返し処理 ---------------------- 105
結合 ----------------------------------- 84
光源 ------------------------- 15, 16, 49

交差 ……………………………… 86

## さ

差 ………………………………… 88
彩色 ……………………………… 37
座標変換 ………………………… 61
3次元空間 ……………………… 15
シーンファイル ……………… 3, 15
　　──の構成 ………………… 15
　　──の作成 ………………… 17
　　──の保存 ………………… 18
視点 …………………………… 15, 16
終了（POV-Rayの）…………… 11
縮小 ……………………………… 66
縮小倍率 ………………………… 66
照射位置 ………………………… 50
照射半径 ………………………… 54
照射目標位置 …………………… 54
スポットライト ………………… 54
素材, 素材名 …………………… 74
空, 空名 ………………………… 100

## た

ダウンロード（POV-Rayの）…… 4
単純ループ …………………… 105
チェッカーパターン …………… 44
地形 ……………………………… 98
直方体 …………………………… 24
テクスチャマッピング ………… 74
点光源 …………………………… 50
動画 …………………………… 105
透明化 …………………………… 42
透明度 …………………………… 42
トーラス ………………………… 30

## な

二重ループ …………………… 105

## は

背景 ……………………………… 95
背景色 …………………………… 96
ハイトフィールド ……………… 98
パターン ………………………… 44
バンプマッピング ……………… 78
光 ………………………………… 15
描画 ……………………………… 19
複数光源 ………………………… 52
物体 …………………………… 15, 16
部品箱 …………………………… 15
プリミティブ …………………… 21
併合 ……………………………… 90
平面 ……………………………… 32
平面マッピング ………………… 81

## ま

マッピング ……………………… 73
マッピングタイプ ……………… 80
無限平面 ………………………… 32
面光源 …………………………… 50
モデリング ……………………… 3
モデリング要素 ………………… 15

## や

夜空 …………………………… 101

## ら

ライト ………………………… 15, 16
立体の演算 ……………………… 83
立方体 …………………………… 24
レンガパターン ………………… 44
レンダリング …………………… 3
六角形パターン ………………… 44

## 執筆者紹介

### ■ 編著者

#### 松下 孝太郎（まつした こうたろう）
神奈川県横浜市生
横浜国立大学大学院工学研究科人工環境システム学専攻博士後期課程修了 博士（工学）
現在，(学)東京農業大学 東京情報大学総合情報学部 教授
画像処理，コンピュータグラフィックス，教育工学等の研究に従事

### ■ 著者

#### 山本 光（やまもと こう）
神奈川県横須賀市生
横浜国立大学大学院環境情報学府情報メディア環境学専攻博士後期課程満期退学
現在，横浜国立大学教育学部 教授
数学教育学，離散数学，教育工学等の研究に従事

#### 柳川 和徳（やながわ かずのり）
北海道札幌市生
北海道大学大学院工学研究科電子工学専攻博士後期課程修了 博士（工学）
現在，釧路工業高等専門学校創造工学科 准教授
画像処理，コンピュータグラフィックス，プログラミング教育等の研究に従事

#### 鈴木 一史（すずき もとふみ）
千葉県成田市生
筑波大学大学院工学研究科電子情報工学専攻博士後期課程修了 博士（工学）
現在，放送大学教養学部情報コース 教授
画像処理，コンピュータグラフィックス，データ解析等の研究に従事

#### 星 和磨（ほし かずま）
東京都台東区生
日本大学大学院理工学研究科建築学専攻博士後期課程修了 博士（工学）
現在，日本大学短期大学部建築・生活デザイン学科 准教授
環境工学，音響工学，コンピュータグラフィックス等の研究に従事

#### 羽入 敏樹（はにゅう としき）
新潟県新潟市生
日本大学大学院理工学研究科建築学専攻博士後期課程修了 博士（工学）
現在，日本大学短期大学部建築・生活デザイン学科 教授
環境工学，音響工学，コンピュータグラフィックス等の研究に従事

**編著者紹介**

松下孝太郎　博士（工学）
2005年　横浜国立大学大学院工学研究科人工環境システム学専攻
　　　　博士後期課程修了
現　在　(学)東京農業大学　東京情報大学 総合情報学部　教授

---

NDC548　　155p　　26cm

**POV-Rayで学ぶ はじめての3DCG制作**
つくって身につく基本スキル

2017年2月15日　第1刷発行
2022年8月25日　第6刷発行

編著者　松下孝太郎
発行者　髙橋明男
発行所　株式会社 講談社
　　　　〒112-8001　東京都文京区音羽2-12-21
　　　　　　販売　(03) 5395-4415
　　　　　　業務　(03) 5395-3615

編　集　株式会社 講談社サイエンティフィク
　　　　代表　堀越俊一
　　　　〒162-0825　東京都新宿区神楽坂2-14　ノービィビル
　　　　　　編集　(03) 3235-3701

本文データ制作　株式会社エヌ・オフィス
印刷・製本　株式会社KPSプロダクツ

落丁本・乱丁本は，購入書店名を明記のうえ，講談社業務宛にお送りください．送料小社負担にてお取替えいたします．なお，この本の内容についてのお問い合わせは，講談社サイエンティフィク宛にお願いいたします．定価はカバーに表示してあります．

© Kotaro Matsushita, 2017

本書のコピー，スキャン，デジタル化等の無断複製は著作権法上での例外を除き禁じられています．本書を代行業者等の第三者に依頼してスキャンやデジタル化することはたとえ個人や家庭内の利用でも著作権法違反です．

**JCOPY** 〈(社)出版者著作権管理機構 委託出版物〉

複写される場合は，その都度事前に(社)出版者著作権管理機構(電話 03-5244-5088, FAX 03-5244-5089, e-mail: info@jcopy.or.jp)の許諾を得てください．

Printed in Japan
ISBN 978-4-06-153827-6

講談社の情報系テキスト

# はじめてのWebページ作成
## HTML・CSS・JavaScriptの基本

松下孝太郎・編著
山本 光／沼 晃介／樋口大輔／鈴木 一史／市川 博・著
B5・126頁・定価2,090円（税込）　ISBN978-4-06-153833-7

ユーザーとして知っておきたいWebページの基礎を学び，シンプルなWebページを自分で構築できるようになる一冊。写真や動画の挿入法など，学んで楽しい技術を多数紹介する。大学の講義用テキストに最適です。

**主な内容**

1 Webページとは　1.1 Webページの概要　1.2 Webページの作成　1.3 Webページの表示　2 HTML　2.1 HTMLの概要　2.2 文書　2.3 文字　2.4 箇条書き　2.5 背景　2.6 画像　2.7 リンク　2.8 表　2.9 音声・映像　3 CSS　3.1 CSSの概要　3.2 セレクタ　3.3 CSSによるデザイン　3.4 外部ファイルへのCSSの記述　4 JavaScript　4.1 JavaScriptの概要　4.2 基本的な利用　4.3 変数と制御構造　4.4 イベント・関数・フォーム　資料1 標準16色　資料2 カラーチャート216色

# 情報メディア論
## テクノロジー・サービス・社会

小泉宣夫／圓岡偉男・著　B5・155頁・定価2,640円（税込）
ISBN 978-4-06-153826-9

教養として身につけたいディジタルメディアの基礎を総合的に学ぶことができる教科書。SNSや電子マネーなど現代の生活に欠くことのできないサービスと，それを支えるテクノロジー，さらにそれらが社会へ与える影響についてまとめた。

**主な内容**

【I. メディアとは何か？】1. 情報を伝えるメディア　2. メディアの歴史　【II. メディアテクノロジー】3. メディアの符号化　4. 情報の表現と理解　5. 通信ネットワーク　6. メディアの携帯化と遍在化　7. 知覚を補助するメディア　【III. メディアサービス】8. ソーシャル・メディア　9. 社会インフラとサービス　10. ビジネスを支えるメディア　11. 教養とエンタテインメント　12. 生活環境を支えるメディア　【IV. メディアと社会】13. メディアと情報モラル　14. メディアと人間の発達　15. メディア社会の行方

# OpenCVによる画像処理入門 改訂第2版

小枝正直／上田悦子／中村恭之・著　B5変・286頁・定価3,080円（税込）
ISBN 978-4-06-153829-0

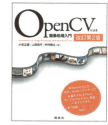

3言語（C言語、C++、Python）対応で、画像処理の基本が身につくテキストの改訂版。OpenCV3.2に対応した。また、「距離画像処理」を新たに解説した。理論と実践のバランスがよく、初学者に最適！

**主な内容**

Chapter1. 画像処理とOpenCV　Chapter2. OpenCVの導入　Chapter3. 画像入力　Chapter4. デジタル画像と配列　Chapter5. 画像形式と色空間　Chapter6. 濃淡変換　Chapter7. フィルタ処理　Chapter8. 2値画像処理　Chapter9. 複数画像の利用　Chapter10. 幾何学変換　Chapter11. 距離画像処理　付録:OpenCVをソースからビルドする　カメラ画像取り込み時の解像度設定　Kinectのセットアップ　Intel RealSenseのセットアップ　OpenCVモジュール概説　擬似言語

表示価格は定価（税込）です。　「2022年8月10日現在」

講談社サイエンティフィク　https://www.kspub.co.jp/